Quitte à avoir un père, autant qu'il s'appelle Gabin

Florence Moncorgé-Gabin

Quitte à avoir un père, autant qu'il s'appelle Gabin

Cette édition de
Quitte à avoir un père, autant qu'il s'appelle Gabin
est publiée par les Éditions de la Seine
avec l'aimable autorisation du cherche midi Éditeur

Je dédie ce livre à mon fils Hugo
(Il sait pourquoi.)

La vie, l'amour, l'argent, les amis et les roses, on ne sait jamais le bruit ni la couleur des choses. C'est tout ce que je sais mais ça je le sais.

Jean-Loup DABADIE

Ce livre n'est pas une biographie de Gabin. André Brunelin en a écrit une superbe à laquelle on ne peut rien ajouter de mieux. Ce n'est pas non plus une autobiographie, il paraîtrait un peu prétentieux de penser que ma vie puisse intéresser qui que ce soit. Je retracerai plutôt des anecdotes et des rencontres tantôt extraordinaires, tantôt douces-amères, qui ont jalonné ma vie et surtout me l'ont apprise. Pardon si je donne quelques coups de griffe, la vérité n'est quelquefois pas agréable à entendre. Je suis trop entière pour la taire, c'est le défaut de mes qualités. Le franc-parler a toujours été chez moi une seconde nature et la démagogie, comme ce fut le cas pour mon père, m'est étrangère.

J'ai commencé ce livre à Sainte-Anne-la-Palud, en Bretagne, dans le Finistère, là où il y a encore trente-deux ans, je venais passer tous les mois de juin avec mes parents, et ce, depuis l'âge de 2 ans. C'est en 1951, à l'époque où « le drapeau noir flottait sur la marmite » (expression par laquelle mon père définissait son passage à vide dans le cinéma) qu'il découvrit l'hôtel de la Plage. Perdu au bout du bout de la Terre, seul, planté sur cette grève déserte, face à la mer, c'était un tout petit hôtel plus que modeste, à deux étages. Les salles de bains et les toilettes étaient sur le palier. Le restaurant aux grandes baies vitrées donnait sur la plage où l'épave d'un vieux chalutier était venue s'échouer un jour de tempête. On y mangeait les produits de la mer et l'endroit était calme, isolé, et surtout authentique, comme la dame qui le tenait à l'époque, Mme L'Helgouach. Cette femme formidable au caractère trempé portait le sempiternel costume noir de deuil des Bretonnes et arborait fièrement la coiffe bigouden. Elle m'impressionnait. Elle travaillait seule en cuisine et faisait elle-même son fameux beurre blanc pour le poisson, le meilleur qu'aient goûté, selon eux, mes parents. Recette qu'elle a transmise à sa fille Manick, qui a repris la direction de l'hôtel. Les serveuses du restaurant portaient aussi le costume breton. L'authenticité du cadre pose déjà le personnage. Mon père était très loin du snobisme parisien qui veut que seuls les endroits à la mode soient estimables.

Durant ce long voyage de Paris à Sainte-Anne-la-Palud, mon appréhension allait grandissant parce qu'une petite fille de 5 ans y attendait impatiemment une femme de 50 ans afin qu'elle lui raconte son parcours. Mais allaient-elles se reconnaître ? Cette femme pourrait-elle lui parler la tête haute et lui dire que le fait de porter un nom célèbre ne protège pas des blessures de la vie, qu'avoir passé son enfance et son adolescence dans un cocon familial protecteur et aseptisé ne forge pas forcément des armes pour l'avenir ? Lorsque je suis arrivée en vue de l'hôtel, c'était trop fort, je me suis mise à pleurer. Rien n'avait bougé. L'hôtel, agrandi certes, regardait toujours la plage qui me parut un peu plus étriquée qu'autrefois, peut-être parce que j'avais grandi. La petite rivière qui coulait vers la mer, qu'on traversait pieds nus pour aller jusqu'à Trefeuntec, le rocher au bout de la grève où Jacques Audiard, debout face à la mer, dans son long manteau qui lui battait les bottes, se prenait pour Chateaubriand. Les dunes désertes à perte de vue où mon père nous cavalait derrière de peur qu'il ne nous arrive quelque chose. Les rochers noirs recouverts d'algues d'où l'on essayait désespérément de décoller les berniques avec les ongles. Et l'alouette qui chantait gaiement au-dessus de la dune. Depuis ce temps, je n'ai d'ailleurs jamais pu entendre chanter l'alouette sans penser à Sainte-Anne-la-Palud.

Les noms évocateurs sur les portes des chambres sont toujours présents : L'Amiral, chambre de mes parents, La Frégate, La Goélette, Le Malamock, Le Sardinier, La Bisquine, qu'on a toujours appelée « La Bisaouine », depuis qu'un jour la lettre « Q » est tombée à l'envers !

Après les copieuses tartines au beurre salé du matin, on partait les bras chargés de seaux, pelles et râteaux, le plus souvent couverts jusqu'aux oreilles, le bonnet sur la tête tellement il faisait froid, même au mois de juin. Mais, jambes nues, pieds nus, les haveneaux à la main, on ratissait les crevettes dans les flaques d'eau. Mon père avait choisi cet endroit à cause du climat. Il ne supportait pas la chaleur et attendait même avec impatience le fameux crachin brestois au grand dam des clients de l'hôtel. À l'époque, il marchait encore beaucoup et jouait même à la pétanque et au croquet. Il allait la nuit pêcher à la senne [1] avec les clients de l'hôtel. C'était interdit, mais il ramenait quand même le produit de sa pêche que Mme L'Helgouach cuisinait le lendemain. Tous les ans, il emportait un jogging qui repartait tout neuf à Paris, non déplié. Et tous les ans il en rachetait un nouveau, la taille au-dessus ! C'était avant qu'il ne se décide à « vieillir prématurément », comme disait ma mère, ce qu'elle avait beaucoup de mal à supporter. « Ton père se fait plus vieux qu'il n'est ! » Elle entendait par là que le fait d'être père de famille entraînait une transformation morale nécessitant un changement physique obligatoire. N'ayant plus besoin de plaire, il prenait à chaque enfant un peu plus de ventre, ce qui le transformait en monsieur respectable à cheveux blancs. Je suis persuadée aussi que cela lui a permis d'accéder à sa seconde carrière, qu'il n'aurait pas faite en gardant un côté séducteur aux tempes grisonnantes.

Nous avons eu une vie que pouvaient nous envier bien des enfants ; totalement anticonformiste et pleine de paradoxes, bourgeoise et en même temps bohème. La sévérité et la rigueur côtoyaient en permanence la décontraction et, il faut le dire, un certain laxisme pour les études. Mon père était né dans une famille de saltimbanques où personne ne l'avait vraiment élevé. Il fréquentait l'école publique quand ça lui chantait et avait tout juste eu son certificat d'études primaires en copiant sur son copain Marcel Bleustein [2]. Il nous avait mises en écoles privées, religieuses de préférence, lui qui était athée. C'était pour apprendre

1. Senne : filet qu'on traîne sur les fonds sableux.
2. Qui ajoutera plus tard à son patronyme son nom de résistant, Blanchet.

« les bonnes manières » plus que pour étudier. « Tu te rends compte, disait-il à Michel Audiard, j'ai mis mes filles chez les frangines [3] ! » Avec ma sœur, nous avons échappé de justesse à l'école ménagère d'Alençon, qui formait à l'époque les « bonnes mères de famille ». Sa théorie, lorsque ma mère poussait des hauts cris devant les pitoyables carnets de notes, était « la santé d'abord ». On était d'accord avec lui ! On quittait l'école quelques jours avant les vacances et on revenait de même après la rentrée. Ce régime contribuait à perturber quelque peu le rythme scolaire. Aucun d'entre nous n'a eu son bac.

Vers l'âge de 12-13 ans, on m'a mise dans les mains du personnel de maison pour apprendre à faire un lit, nettoyer une salle de bains, l'argenterie, et j'en passe. Étant plutôt disciplinée et, à l'époque, pas rebelle pour deux sous, je me suis fort bien acquittée de cette tâche. C'est de là que me vient l'habitude de rincer ma baignoire même dans les hôtels où je séjourne, par respect pour le personnel.

Nous n'avions pas le droit d'aller à la cuisine et c'était pourtant notre lieu de prédilection, gai, vivant, joyeux. Pour ne pas gêner le travail « religieux » qui s'y accomplissait, mais surtout pour éviter toutes projections qui auraient pu nous brûler ou nous ébouillanter. Mes intrusions en catimini m'ont quand même appris comment mijoter un petit salé aux lentilles, un lapin à la moutarde ou un bœuf en daube. Je me disais que ça pourrait être utile pour l'avenir.

---

3. Les bonnes sœurs

Le 28 fut un chiffre-clef dans la vie de mes parents. Ils se rencontrèrent un 28 janvier, se marièrent un 28 mars et je suis née le 28 novembre de la même année, 1949. Leur rencontre fut un pur hasard. Mon père sortait ce soir-là une amie dont le mari était souffrant. Ma mère accompagnait un monsieur dont la fiancée lui avait fait faux bond. Le monsieur en question et mon père se connaissaient. Ils se retrouvèrent dans le même restaurant. Profitant de ce que ma mère s'était absentée quelques instants, mon père demanda à son ami qui était la fille qui l'accompagnait.

– Un mannequin de chez Lanvin.

– C'est ta petite amie ?

– Non, juste une copine.

Mon père, qui n'avait pas de domicile fixe et habitait à l'hôtel Baltimore, avenue Kléber, jouait au théâtre une pièce d'Henri Bernstein, *La Soif*, qui fut un énorme succès. Les critiques avaient été dithyrambiques, pour sa rentrée théâtrale Gabin « faisait un tabac ». Il avait 45 ans. C'était à l'époque un homme élégant et raffiné qui portait la pochette assortie à la cravate, des costumes impeccables taillés sur mesure chez Sulka et Opelka, et des chemises si belles que je les porte encore aujourd'hui. Cette élégance ne correspondait pas à l'image du héros qu'il avait incarné à l'écran avant la guerre, l'ouvrier, le prolétaire. C'était plutôt surprenant et cela fascinait, sans doute, les femmes. Ma mère le fut. Je pense que les cheveux blancs et les yeux bleus n'y furent pas étrangers. Elle avait 31 ans et elle était très belle. Il l'épousa deux mois après leur rencontre.

Elle avait un métier auquel il mit un terme de façon catégorique lorsqu'elle lui dit qu'elle allait partir en voyage pour la maison Lanvin : « Qu'à cela ne tienne, les voyages on en fera ensemble... »

Ce qu'elle ne savait pas, c'est que les voyages, plus tard, allaient se limiter au triangle Deauville, la propriété dans l'Orne et l'hôtel de la Plage en Bretagne ! C'était mieux qu'Aubervilliers ou La Courneuve, comme il nous le répétait à chaque départ en vacances lorsque nous râlions sur ce circuit, mais, pour ma mère, c'était quand même restreint. Mon père, persuadé de ne jamais pouvoir avoir d'enfant, fut transporté de joie lorsqu'il sut ma mère enceinte. Son caractère angoissé lui fit penser qu'il valait mieux qu'elle entrât en clinique huit jours avant l'accouchement. C'était plus prudent. Ma mère n'allait pas être au bout de ses peines et cela ne faisait que commencer. Car cette angoisse et cette anxiété latentes, qui étaient l'essence même de son caractère, allaient jouer un rôle déterminant dans son comportement futur.

Son agent, André Bernheim, possédait à Versailles une maison dont il ne savait trop que faire. Mon père la lui acheta pour y installer sa tribu, investi qu'il était de nouvelles responsabilités qui allaient peu à peu transformer le séducteur décontracté en père de famille responsable et, disons-le carrément, en horrible misanthrope.

L'échographie n'existait pas. Lorsque je suis arrivée, le 28 novembre 1949, à 21 h 30, mes parents ne m'attendaient pas tout à fait sous cette forme : toutes mes serviettes de toilette avaient été brodées aux initiales « J.-M. ». Je devais m'appeler Jean-Marie ! Ma vie aurait certainement pris un chemin différent de celui qu'elle a emprunté. Aurait-elle été meilleure ou pire ? Toujours est-il que je n'aurais certainement pas été courtisée de la même façon, physique oblige. Ce jour-là, je venais rejoindre un demi-frère de neuf ans mon aîné, Jacky. Nous habitions à Versailles, 3, rue Montfleury.

Notre vie fut surtout réglée au métronome des déménagements. Mon père était un véritable saltimbanque, je veux dire par là qu'il avait la bougeotte. Je me suis toujours dit pour me rassurer que c'était quelque part le lourd héritage de Molière et sa troupe partant à l'aventure sur les routes de France, mais ma mère n'avait pas l'âme d'une Armande Béjart ! On ne restait généralement pas plus de deux ans dans un appartement ou une maison. Passé ce laps de temps, son humeur devenait changeante et ma mère entendait ce sempiternel discours d'approche :

« Dis donc, tu te plais ici ? Tu trouves que l'air y est bon ? J'ai l'impression que ça serait mieux pour les enfants de retourner à Deauville... »

J'ai oublié de préciser qu'avec l'anxiété, la mauvaise foi était une des « qualités » de son caractère, ce qui faisait dire à Audiard : « Ce mec, qui est de la plus mauvaise foi qui existe, habite un patelin qui s'appelle Bonnefoi [1] ! »

Ma mère comprenait le message et, sans avoir eu le temps de commencer une quelconque décoration – j'ai toujours connu des murs gris –, on repartait dans les malles, les valises et les cartons.

---

1. Localité où se situait sa propriété La Pichonnière, dans l'Orne.

Le garde-meubles Nortier, de Neuilly, qui effectuait ces déménagements, se frottait les mains, retroussait ses manches et venait reprendre les meubles à l'endroit même où il les avait déposés quelque temps auparavant : « Ne vous en faites pas, madame Gabin, on connaît le chemin... »

Les yeux fermés, les déménageurs remballaient la vaisselle, décrochaient les tableaux et les remettaient consciencieusement à leur place d'origine dans l'endroit que l'on avait quitté deux ans plus tôt. Car le triangle des déménageurs était toujours le même : Paris-Deauville-la campagne ! Quand on sait qu'Yves Montand et Simone Signoret avaient appelé leur appartement de la place Dauphine La Roulotte, comment pourrait-on qualifier cette itinérance, les bagages éternellement à la main de la famille Moncorgé ? Nous aurions pu être déséquilibrés par cette vie de bohème. Pas du tout, car nous étions toujours tous ensemble, unis dans cette roulotte fictive et pour nous, les enfants, c'était plutôt marrant. Cette roulotte, que ma mère réclamait d'ailleurs à grands cris, aurait dû être l'élément majeur de notre vie familiale. Elle lui a amené un jour les prospectus d'une très belle caravane, lui en proposant l'achat. Sans avoir compris l'allusion, il lui a répondu :

– C'est pour quoi faire ?...

– Comme on change tout le temps, autant que ce soit une maison qui se déplace...

N'ayant pas l'humour au bout des lèvres, il n'a pas apprécié la plaisanterie et a fait la tête.

J'allais comprendre très vite que mon père était un bâtisseur et qu'une fois les gros travaux terminés, il s'ennuyait. Ce qu'il aimait, c'était être entouré de l'architecte, du maçon, et construire. La décoration était un élément inutile et il laissa ce soin plus tard à ma mère, qui avait bien du mal à établir ses plans puisque l'on repartait très vite, une fois le gros œuvre fini.

Je ne garde du temps du 3, rue Montfleury, à Versailles, aucun souvenir, à part la vague impression d'avoir fait un séjour à Rome avec mes parents. Mon père, alors au creux de la vague, était contraint d'accepter des films en Italie, comme beaucoup d'acteurs en rupture de contrat dans leur pays. Il m'avait surnommée « Miss Pincio » à cause des promenades quotidiennes dans les jardins du même nom.

Et cette anecdote qui m'a été racontée par ma mère : en rentrant un soir à l'hôtel, mes parents trouvent la nurse prenant tranquillement un verre au bar. Mon père, inquiet, l'invective :

– Où est la petite ?

– Elle dort dans sa chambre, Monsieur.

– Mais vous êtes complètement folle ! Vous allez me faire le plaisir de remonter immédiatement et de ne plus la laisser seule un instant !

En rentrant à Paris, la nurse fut congédiée et je découvris alors la tante Louise Moncorgé, qui veilla sur ma destinée jusqu'à l'arrivée de ma sœur. Petite, ronde, les cheveux blancs, elle portait souvent une robe noire à petit col de dentelle qui tombait jusqu'aux pieds, excepté lorsqu'elle venait au bord de la mer avec nous. Elle était veuve du frère de mon grand-père. C'était une bonne vivante. Très gourmande, elle ne résistait pas aux bonnes choses et finissait souvent les plats. Elle sortait de table, rassasiée, le visage empourpré. Mon père l'aimait beaucoup, ce qui ne les empêchait pas de s'engueuler de temps en temps, car chez les Moncorgé, ça s'engueulait souvent.

J'avais 1 an quand nous avons quitté Versailles pour Neuilly et un charmant petit hôtel particulier situé 27, boulevard du Château, à l'angle de la rue Édouard-Nortier où se trouvait le garde-meubles. Il n'en existe plus trace aujourd'hui, à part les hautes grilles noires d'origine. C'est devenu un petit immeuble où je me suis retrouvée, il y a quelque temps, un soir à dîner chez une amie, Virginia Ruzici, ex-numéro un du tennis mondial. Lorsque j'ai passé la grille du jardin, j'ai eu un sentiment de mélancolie pour une époque révolue et bien lointaine.

« Tata Louise », à 70 ans passés, venait tous les jours à pied de Montmartre, où elle habitait au pied du Sacré-Cœur, pour passer la journée avec moi. Je crois que c'est elle qui m'a donné le goût de la marche. Nous avons arpenté Neuilly toutes les deux et j'ai un souvenir bien précis des gros chevaux de trait qui transportaient sur des plateaux les tréteaux du marché. Tout de suite, j'ai été attirée par les chevaux, et c'est vite devenu une obsession. On m'avait acheté un « album rose », *Bob le Petit Jockey*, qui racontait les exploits d'un jeune garçon remplaçant au pied levé, dans une course, son père accidenté. Une histoire impossible dans la réalité du turf. Mais, à 4 ans, ce livre me transportait et ma mère a dû me le lire une cinquantaine de fois jusqu'à ce que je le connaisse par cœur. Elle m'a avoué, plus tard, qu'elle ne pouvait plus le supporter. Cette passion des chevaux et, plus précisément, des chevaux de course, était définitivement ancrée en moi et allait orienter toute ma vie. J'avais pris la même décision que Bob : « Je serai un jour un grand jockey. » Nous habitions tout près des hippodromes d'Auteuil et de Longchamp, et je n'avais de cesse que mon père m'emmène en voiture à l'extérieur des grilles pour voir passer les pelotons compacts multicolores et entendre le grondement sourd des sabots foulant le gazon. Mon cœur battait... battait à leur rythme. Mais il me faudra attendre une douzaine d'années pour pouvoir atteindre ce sérail inaccessible.

Mon père avait eu quelques pur-sang après la guerre, chez l'entraîneur Maurice d'Okuyssen. Il ne reflirtera avec les courses qu'en 1961 et cette passion le tiendra jusqu'à la fin.

Mon frère Jacky fut mis en pension, comme il se doit chez les « frères », à Issy-les-Moulineaux, et fit même sa communion. Très peu de temps après on le changea pour le cours élémentaire de l'avenue du Roule, à Neuilly, à deux pas de la maison. Il n'était pas très porté sur les études, et ce changement opportun pour l'intendance ne le fut pas pour sa scolarité. Mais, je l'ai déjà dit, ceci n'avait pas une grande importance dans l'éducation paternelle...

Nous avons passé notre vie à être ballottés « de droite et de gauche » sans que cela influe psychologiquement sur notre moral. Il fallait suivre. On suivait. Et la vie continuait à être belle.

Ma sœur Valérie est née en 1952, pendant que mon père tournait en Italie. C'est à cette époque que Monique Tourret, rebaptisée « Zelle », est arrivée à la maison, débarquant de son Vichy natal. Elle devait rester dix-neuf ans chez nous comme gouvernante des enfants. Lorsque je suis devenue scripte, je l'ai fait entrer dans le milieu comme habilleuse et, depuis, nous avons toujours gardé des contacts plus qu'amicaux, je dirais même qu'elle a été une seconde mère pour nous.

Mon père est sorti de sa période noire en 1953, tout de suite après *Touchez pas au grisbi*, qui l'a repropulsé au premier rang des acteurs français. Nous avons abandonné le boulevard du Château pour débarquer au 16, rue François-Ier, juste en face de chez Dior. Depuis toujours, je ne l'ai jamais connu habitant plus haut que le deuxième étage. Angoisse du vide pour lui ou pour nous ? Peur du feu ? Il est vrai qu'au premier ou au second, les pompiers montent plus rapidement. Dans toutes les maisons où nous avons vécu, les parents étaient au rez-de-chaussée quand nous étions au premier ou au premier quand nous étions au second. Dans la grande villa de Deauville, nous vivions au second. Il avait fait fermer notre étage par une grille, très joliment peinte certes, mais une grille tout de même, dont seule Zelle avait les clefs, afin qu'on ne tombe pas dans les escaliers. Une fois la grille ouverte, les oiseaux pouvaient s'envoler mais avec prudence. On avait ordre de descendre les marches en regardant où on mettait les pieds, sans courir, sous peine d'engueulades. Rue François-Ier, nous nous sommes retrouvés au cinquième étage mais il fit rehausser le balcon d'un grillage. Par prudence ! En y aménageant, mon père avait fait promettre à Zelle de ne jamais prendre l'ascenseur avec nous. C'était un moyen de transport dangereux, qu'il fallait éviter avec des enfants. Il pouvait à tout bout de champ se coincer ou même se décrocher ! Zelle avait promis et tous les jours elle montait les cinq étages à pied, Valérie dans les bras, me traînant derrière elle, accrochée à ses basques.

C'est à cette époque que mes premiers souvenirs se précisent. Ma grand-mère maternelle Jeanne, Vichyssoise elle aussi et couturière de son état, habitait avec nous. Elle confectionnait les jupes, blouses et tabliers dont nous avions besoin, et même les torchons qui étaient coupés dans de vieux draps. Au dire de ma mère, ces torchons essuyaient mieux que ceux achetés dans le commerce. Pour le reste, on nous habillait à La Châtelaine ou chez Mamby, deux magasins « chics » de la rue Victor-Hugo. Ma sœur et moi étions vêtues à l'identique, très petites filles modèles, et chaussées des éternelles chaussures en vernis noir et blanc de chez Céline.

L'appartement était très grand. Je partageais une vaste chambre avec Valérie. Zelle avait la sienne où allait bientôt la rejoindre mon frère Mathias, né en 1955.

Mon père était alors obsédé par l'idée que nous n'allions pas aux toilettes. La santé en dépendait et l'occlusion intestinale n'était pas loin. J'ai un peu honte à le dire mais, certains soirs, on nous mettait un suppositoire de glycérine dans le derrière, en prévention ! Cela faisait partie de la vie quotidienne et il vérifiait la chose sérieusement plutôt deux fois qu'une. Lino Ventura le charriait là-dessus et lui disait : « Mais fous-leur la paix avec ça. Tu vas les traumatiser ! »

De même, il appuyait dix fois sur sa cigarette dans le cendrier et y retournait par deux ou trois fois pour être certain qu'elle soit bien éteinte. Tous les soirs également, avant d'aller se coucher, il partait dans la cuisine vérifier par lui-même si le gaz avait bien été fermé. Ce rituel du gaz, il l'a gardé toute sa vie.

Il avait passé son enfance dans l'Oise à courir la campagne comme un petit animal libre, et sa chambre dans la maison familiale de Mériel était un carré de trois mètres sur trois. Je comprends qu'il ait toujours eu besoin d'espace. À vivre en plein cœur de Paris, son besoin de nature le reprit. La terre lui collait aux pieds. Depuis la fin de la guerre et jusqu'en 1952, il avait eu un passage à vide dans sa carrière. Plus personne ne faisait appel à lui. Sa transformation physique ne lui permettait plus d'accéder aux rôles du héros populaire d'avant guerre. Son refus de tourner *Les Portes de la nuit* avec Marcel Carné et Jacques Prévert et sa brouille avec eux, qu'il a considérée comme une « belle connerie », l'avaient mis au « banc » du métier, aux oubliettes des producteurs et des réalisateurs. Il a pensé reprendre le théâtre et les tournées, et pour faire vivre sa famille, s'est décidé à acheter de la terre. Un entretien avec François Chalais prouve cette angoisse : « Dites-vous bien, Chalais, que ça n'est pas un métier que nous avons, c'est une profession provisoire. Je crois qu'il faut assurer ses arrières. »

Il acheta donc pour commencer une petite maison perdue au fin fond de l'Orne pour y nicher sa famille en vacances. À Bonnefoi exactement. Sise sur la commune des Aspres, à quelques kilomètres de L'Aigle, gros marché à bestiaux, ce petit bourg comprenait une dizaine de maisons et surtout une multitude de petites fermes. La France d'après-guerre comptait 4 millions de paysans qui régnaient chacun sur une vingtaine, voire une cinquantaine d'hectares, pas plus. Le monde agricole était très morcelé. Tout ça bien avant la politique de productivité intensive qui amena l'avènement de la grosse exploitation au détriment de toutes les petites, qui disparurent les unes après les autres et ramenèrent la population agricole d'aujourd'hui à 600 000 individus !

La plupart de ces fermes n'avaient pas encore l'électricité et les hommes trayaient encore à la main. Le métier était dur et ingrat.

C'est dans cette modeste maison que mon père débuta le « métier de paysan », comme il disait. « La terre, c'est quelque chose de solide. Les gosses auront toujours à bouffer. »

Il a commencé en 1953 avec quelques lapins et un âne. Il a fini en 1976 avec presque 300 têtes de bétail et une quinzaine de chevaux de course. Le parcours a été long et semé d'embûches. Mais les films qu'il a enchaînés lui ont permis de mener à bien son but : créer une exploitation modèle à but commercial qui n'avait rien de commun avec le hameau de Marie-Antoinette. À part le fait que l'une y perdit la tête et que mon père y engloutit tous les fruits de sa carrière cinématographique.

En même temps que Bonnefoi, il acheta une petite ferme à 3 kilomètres de là, qu'il n'exploita pas et revendit très vite. En 1954, il devint propriétaire de 45 hectares de mauvaises terres caillouteuses sur les communes des Aspres et de Bonnefoi : La Pichonnière. Tout y était à faire. À commencer par cette terre qu'il faudrait perpétuellement soutenir à coups d'engrais. Mais il l'avait eue pour pas cher, personne n'en voulait. Dans le charmant manoir XVIIe, pendant les travaux, on retrouva des louis d'or frappés à l'effigie de Louis XVI, qu'avec son honnêteté d'un autre temps, il versa au Trésor public. Il clôtura les champs, fit construire des routes, des maisons pour le personnel, une étable avec traite électrique dernier modèle, des hangars à fourrage et à matériel, une fosse à purin et un château d'eau. Il fut l'un des premiers à posséder deux Massey-Ferguson, ces tracteurs américains. Un peu plus tard, en 1960, les écuries virent le jour avec la piste d'entraînement au même tracé que l'hippodrome de Vincennes ! Il supprima alors les laitières normandes pour faire de la viande et acheta des charolaises. Les clôtures en barbelés furent remplacées par la Rolls du genre, les Varin-Pichon, en ciment blanc.

Cent cinquante hectares furent clôturés de la sorte, l'ensemble était superbe. Il pouvait être fier. La même année que les écuries fut édifiée La Moncorgerie, qui devint la maison familiale avec ses grands « M » sur les cheminées. Avec ses bâtiments annexes, ses potagers, ses immenses pelouses et ses grands murs d'enceinte, elle dominait La Pichonnière de 200 mètres. Mon père revendit alors la petite maison des débuts. Il acheta également, à une quinzaine de kilomètres de La Pichonnière, une soixantaine d'hectares à Moulins-la-Marche où il mit des bovins et fit un petit élevage de percherons.

Parallèlement à cette exploitation d'élevage, il possédait à Digny, en Eure-et-Loir, une ferme de culture qui alimentait La Pichonnière en avoine, orge et autres céréales. Jacky, qui fit l'école d'agriculture du Neubourg, s'en occupa bientôt. L'organisation était parfaite.

L'implantation de Gabin dans cette région reculée de l'Orne l'avait enrichie. Tous les entrepreneurs des environs, maçons, plombiers, électriciens, carreleurs, peintres, menuisiers, jardiniers, avaient travaillé à l'élaboration du domaine. Des Parisiens venaient s'installer, les commerces du bourg s'étaient développés. Ce qui faisait dire à Audiard : « Ton épicier du coin, maintenant, il est aussi cher que Fauchon. »

Il est vrai qu'on y trouvait maintenant les sardines piquantes Chica-Pica et le whisky « Chivas Regal » dont mon père était friand. Gabin était devenu une curiosité touristique qu'on venait visiter le dimanche en famille. De véritables « tour operators » encerclaient la propriété le week-end. Lorsque le portail restait ouvert, certains curieux plus téméraires que les autres s'engageaient à pied dans l'allée et venaient jusqu'à la maison. Une fois, mon père est sorti pour aller à leur rencontre. Nous l'avons suivi, certains qu'il allait se passer quelque chose. L'un des curieux impressionnés prit la parole :

– Excusez-nous, monsieur Gabin, on voulait vous voir.

Il répondit de la même façon qu'il aurait sorti un dialogue d'Audiard :

– Est-ce que je viens vous voir chez vous, moi ?

– Non, mais c'est pas pareil.

– Bon, bah alors maintenant vous m'avez vu et vous me laissez tranquille chez moi !

Il devait être dans un de ses bons jours car en temps normal il râlait dur devant les gens :

– J'suis pas une bête curieuse, c'est quand même un monde que j'puisse pas être tranquille chez moi !

Outre le chef de culture, Bernard Odolant, qui habitait le manoir, les sept ou huit employés vivaient dans les différentes petites maisons du domaine ; le vacher, l'entraîneur, le premier garçon et leur famille, les garçons d'écurie, sans compter les journaliers. C'était un vrai village avec ses querelles de clocher, chacun voulant garder ses prérogatives et empiéter sur celles des autres. Le poulailler, dont tout le monde récoltait les œufs et dont personne ne voulait s'occuper, finit par être supprimé. Un souci – mineur celui-là – de moins ! À l'époque des vaches laitières, le beurre et les fromages frais étaient fabriqués à la maison et je n'ai jamais mangé une confiture industrielle.

Mon père achetait ses propres taureaux pour la reproduction. Tout d'abord normands, puis charolais et limousins. Les bêtes ne rentraient jamais en stabulation. Elles étaient à l'herbage pour éviter la septicémie et les maladies en général. Le temps normand en hiver n'est pas clément et lorsque les vaches mettaient bas en plein champ, on entendait un gros « plouf ! » : le veau venait de tomber dans la gadoue. Les bêtes n'étaient nourries qu'au fourrage, au maïs ensilé et à l'avoine aplatie avec des carottes. Les veaux élevés sous la mère s'endurcissaient très vite. Les bœufs partaient aux abattoirs d'Alençon. Les génisses restaient sur la propriété pour le renouvellement du cheptel.

Gabin fit le maximum pour s'intégrer à ce monde paysan qu'il aimait. Le monde paysan ne lui rendit pas cet amour. En juillet 1962, 700 jeunes agriculteurs en colère l'accusèrent de cumuls et réclamèrent une partie de ses terres. Ils envahirent la propriété en pleine nuit, ouvrirent les portes, escaladèrent le mur d'enceinte en l'endommageant. Il y avait violation de domicile. Certains s'installèrent dans le salon et saccagèrent le mobilier ; les fauteuils en cuir gardent encore aujourd'hui les marques de leurs mains. Gabin était en état de légitime défense. Il aurait pu réagir en prenant le fusil de chasse. Au contraire, il leur fit face calmement, car c'était un homme pondéré qui avait fait la guerre. La FNSEA voulait agiter un peu l'ordre établi en le traitant de « cumulard ». Quelle faute avait-il commise ? Il avait acheté quelques lopins de mauvaise terre dont aucun paysan ne voulait. Une fois tout le travail terminé, ils réclamaient leur part. « Le laboureur et ses enfants » n'était pas leur fable de chevet.

Le coup de grâce lui fut porté en 1976, l'année de la sécheresse. Debatisse, alors président de la FNSEA, lui refusa les aides accordées par le gouvernement aux paysans en difficulté grâce à l'impôt-sécheresse : « Gabin n'a pas besoin de ça, il ne rentre pas dans la structure agricole comme je la conçois. »

Il décida alors de mettre son domaine en vente.

Il mourut au mois de novembre. Nous ne réussîmes à vendre la propriété que trois ans plus tard. Je n'éprouve cependant pour le monde paysan aucune rancœur. Je serais même plutôt encline à les défendre dans la société actuelle où on les prend souvent pour la cinquième roue du carrosse, alors qu'ils en sont l'essieu.

C'est rue François-Ier que j'ai découvert les bonnes sœurs de l'institution américaine Marymount. Cette école n'était pas loin des anciens studios de Neuilly. Ce n'était pas la porte à côté mais elle avait la particularité d'être à la pointe du modernisme pour l'époque. On y parlait anglais, les offices étaient aussi dans cette langue et, surtout, on y trouvait des distributeurs de friandises et de Coca-Cola. On y servait des corn flakes au petit déjeuner. Je n'en avais jamais vu de ma vie !

J'y ai suivi les classes de onzième, dixième et neuvième [1]. Valérie et moi y avons fait la communion privée et la confirmation. J'en garde un excellent souvenir. Il y avait là un *melting-pot* de nationalités. Lorsque, à l'âge de 17 ans, déménagements obligent, j'y suis revenue comme pensionnaire, je partageais ma chambre avec une Anglaise, une Américaine et une Vénézuélienne. C'était une institution très « chic » où les élèves appartenant à un niveau social élevé venaient passer leur année et ne repartaient qu'au moment des grandes vacances. Mes deux amies étaient Paule Antoine, la fille de Jacques Antoine, et Élisabeth Haas, qu'on a mieux connue plus tard sous le nom de Babeth Sardou.

1. CP, CE1, CE2.

Au moment des enlèvements d'enfants, comme celui du petit Éric Peugeot, on nous accompagnait en voiture. Nous avons même eu un garde du corps qui prit un jour à l'entrée de l'école un paparazzi à l'affût pour un malfrat. Je crois bien que ce dernier fut obligé de donner très vite sa pellicule...

Les promenades du jeudi se passaient dans les jardins des Champs-Élysées où mes pas me portaient irrésistiblement vers les ânes qui attendaient sagement, rangés en épis, leurs cavaliers en herbe. Il y avait aussi le manège de chevaux de bois où on essayait d'attraper les anneaux au passage avec un petit bâton. Dans les deux cas, j'avais déjà l'impression de commencer à apprendre le métier de jockey. Nous n'allions pas au guignol car les marionnettes au visage figé me faisaient peur, tout comme les clowns au cirque m'ont toujours effrayée. Nous étions toujours accompagnées de Zelle, et quelquefois de la tante Louise qui continuait à me rendre visite. Zelle nous suivait dans nos promenades au tas de sable, derrière le Grand Palais, où Mme Bourvil et ses deux fils, Philippe et Dominique, qui avaient notre âge, nous rejoignaient.

Il nous arrivait d'aller passer une journée en famille chez nos cousins Moncorgé à Nanteuil-les-Meaux. Robert Moncorgé était le fils de la tante Louise. Il avait quatre filles et deux garçons de mon âge. Ils habitaient une maison sur les bords de Marne, en face des guinguettes. Notre grande joie chez eux était de nous laver sur l'évier de la cuisine et de prendre un bain dans la bassine à linge.

Je me souviens très bien également des visites de Gaby Basset, la première femme de mon père, avec qui il avait gardé des relations amicales et à qui il faisait donner un petit rôle dans ses films, quand il le pouvait. Cette petite femme ronde, pétillante, nous apportait des cadeaux et ma mère n'en prenait pas ombrage. D'ailleurs, comment aurait-elle pu ? Il n'y avait aucune comparaison possible entre ces deux femmes. Comment ma mère, grande, belle, élégante, très femme du monde, aurait-elle pu être jalouse de cette femme restée très « Paris-Montmartre », « titi parisienne », dont la mise vestimentaire n'évoquait pas les grandes maisons de couture ? Chacune correspondait à une époque de la vie de Gabin et de sa notoriété d'alors. Entre 18 et 45 ans, son parcours amoureux a été à l'unisson de son parcours professionnel, *crescendo*. Et ma mère, bien que moins médiatique que Marlène, était plus belle et surtout plus fine qu'elle. Il est d'ailleurs curieux de constater qu'aucun de nous ne lui a ressemblé. Au lieu de prendre ses traits fins, nous avons hérité du côté rustique des Moncorgé, surtout pour le nez et la bouche. Dommage.

Cette époque est celle aussi où j'ai cassé plusieurs chaises de la salle à manger en les prenant pour un cheval. À califourchon dessus, une ficelle passée autour du dossier en guise de rênes, à force d'aller en avant et en arrière, elles ont vite perdu leur assise.

Les Césars du cinéma n'existaient pas, on remettait dans les années cinquante les Victoires de Samothrace. J'avais 7 ou 8 ans, lors d'une de ces remises qui se passaient dans les jardins du Pré Catelan. Je me souviens avoir été assise à côté d'un vieux monsieur très élégant aux mains blanches qui tremblaient un peu. Il portait un chapeau et surtout une bague énorme, une émeraude il me semble, au petit doigt. J'étais fascinée par cet homme qui arborait un tel bijou. J'ai appris par la suite que ce monsieur s'appelait Sacha Guitry. Ce jour-là, Michèle Morgan portait une superbe robe en mousseline très *new look*. Comme elle est montée sur scène, elle avait probablement reçu, elle aussi, une Victoire de Samothrace. Ma mère a toujours eu des relations amicales avec Michèle, de même qu'elle voyait régulièrement Colette Mars, une chanteuse qui avait vécu quelque temps avec mon père après Marlène et avant leur rencontre. Après sa disparition, Michèle, Colette et maman se retrouvaient de temps à autre autour d'une table pour évoquer de vieux souvenirs sur un sujet commun...

Les Misérables est le seul film de mon père que ma mère m'ait emmenée voir au cinéma. Il considérait que ses films n'étaient pas pour les enfants et nous n'avons jamais été élevés dans son culte. C'est une impression étrange pour une petite fille de voir son père évoluer dans un monde inconnu d'elle. Comment faire à cet âge la différence entre sa vie avec papa, maman, les frères et sœurs, et ce monsieur habillé bizarrement tout en noir, aux longues rouflaquettes argentées ? Quand, à la fin du film, victime d'un malaise, il s'appuie contre un mur, j'ai ressenti un gros chagrin. Je le sentais malheureux et j'ai pleuré à sa mort. Je pensais ne pas le revoir en rentrant à la maison. Quelle surprise et quel bonheur de le retrouver vivant ! Il m'a alors demandé mon impression sur le film. La réponse fut immédiate et inattendue : « ... Il est beau Gianni Esposito ! » Il s'attendait à tout sauf à ça, me racontera plus tard ma mère.

C'est aussi rue François-Ier que j'ai vu pour la première fois Lino Ventura et Odette, Gilles Grangier et Lucie, Michel Audiard et Cricri. Mais je ne savais pas qui ils étaient et ce qu'ils représentaient dans la vie de mes parents. C'étaient des copains, point.

Lorsqu'ils venaient à la maison, il y avait du bruit dans le salon et ça rigolait dur. Je serais bien restée avec eux pour participer. Mais, aussitôt, on appelait Zelle. Elle nous repoussait vite dans nos appartements. Le monde des enfants et celui des parents étaient très compartimentés et il n'était pas question de s'incruster. Au fil des ans, à chaque fois qu'un ou plusieurs invités arrivaient, on entendait la sempiternelle phrase : « Zelle, emmenez-les ! » ou : « Zelle, montez-les ! » Il me faudra attendre encore quelques années pour être admise à ces déjeuners « homériques » où il était beaucoup question d'hommes politiques... Je ne savais pas non plus qu'un jour je me retrouverais avec eux sur un plateau de cinéma.

L'année 1955 a vu la naissance de mon frère Mathias qui, au dire de Gilles Grangier, était la caricature de son père : « Il y avait déjà un Gabin, en voilà un deuxième. S'il est aussi chiant que le premier, nous voilà beaux ! »

Peu de temps après, nous avons découvert Deauville pour la première fois. Ce fut pour moi plus qu'un coup de cœur, un véritable coup de foudre, qui dure toujours, quarante-cinq ans après. Deauville était alors constitué d'une multitude de superbes villas. Pas un immeuble ne venait abîmer le front de mer et, même si certaines maisons au style rococo n'étaient pas de très bon goût, elles donnaient à Deauville le charme indicible d'une époque révolue que seul Trouville possède encore aujourd'hui. Ses deux fleurons, l'hôtel Royal et surtout l'hôtel Normandy, encadraient le casino où les milliardaires s'offraient encore de grandes joutes sur tapis vert. Le champ de courses, la proximité de Paris et... le temps pluvieux, furent les atouts majeurs pour que mon père se décidât à y installer son second quartier général.

Jacques Boitard était l'agent immobilier incontournable de Deauville. Ayant compris la bougeotte de Gabin, il devint vite le grand coordinateur de ses différentes opérations immobilières dans cette ville. Nous y avons beaucoup tourné en location de villas plus ou moins vétustes et en général tristes. On ne peut pas dire que les propriétaires deauvillais se mettent en quatre pour leurs locataires. Il nous est arrivé de ne pas avoir de miroirs au-dessus des lavabos, d'avoir des mégots plantés dans les jardinières à la place des fleurs et même des pieds de lit remplacés par des livres !

L'hiver, nous faisions souvent de brefs séjours à l'hôtel Normandy, pour le bon air. On nous y a envoyées quinze jours, ma sœur, Zelle et moi, parce que Mathias avait les oreillons. Il ne fallait surtout pas les attraper ! Mario, qui deviendra le grand maître des restaurants de la chaîne Lucien Barrière, n'était que maître d'hôtel au Normandy. Lelouch n'avait pas encore tourné *Un homme et une femme*, et l'autoroute n'existait pas. Deauville l'hiver était mort et la fréquentation des grands hôtels n'était pas celle d'aujourd'hui. Lorsque Mario apportait la carte, c'était vite fait :

– Ah ! Mario, aujourd'hui on prendra des crevettes...

– Oh ! non, monsieur Gabin, pas aujourd'hui !

– Ah ! bon, alors donnez-nous des soles.

– Non, monsieur Gabin, aujourd'hui elles ne sont pas très...

Il accompagnait son geste équivoque d'une moue dubitative. Mon père s'impatientait :

– Bon, alors, qu'est-ce qu'il faut prendre ?

– Prenez plutôt de la viande, monsieur Gabin.

– C'est quand même un monde de venir à Deauville pour béqueter de la viande !

– Eh oui ! je sais, monsieur Gabin...

Mario restait toujours imperturbable dans la tourmente.

Au bout de quatre années passées rue François-Ier, mon père acheta à Neuilly, rue Delabordère, un très bel appartement en duplex. L'air du bois de Boulogne serait certainement meilleur que celui du 8e arrondissement. Il y fit de grands travaux, comme à son habitude. Ceux-ci quasiment terminés, l'agent immobilier lui signala une superbe villa à Versailles, sur 2 500 m^2 de jardin planté d'arbres superbes. Il décida de l'acheter et revendit l'appartement de la rue Delabordère, sans que nous l'ayons habité. Il repartit dans des travaux titanesques en refaisant tous les sanitaires, ce qui n'est jamais une mince affaire dans l'agencement d'une maison. Au moment de s'y installer, il apprit que le petit garçon qui occupait la chambre qu'il destinait à Mathias était décédé de la « maladie bleue ». Superstitieux, il revendit immédiatement la maison sans qu'on ait pu la connaître. Il décida alors de quitter Paris pour s'installer à Deauville et, après quelques coups de fil à Jacques Boitard, acheta en 1958 une ravissante maison rue des Villas, à deux pas de la mer.

Le Petit Boqueteau était formé de deux petites maisons se faisant face, l'une pour les parents, l'autre pour les enfants, séparées par une pelouse. Nous y sommes restés deux ans pendant lesquels nous avons été en classe dans un cours privé tenu par deux sœurs, deux vieilles filles bien sympathiques. Mlle Simone et Mlle Marie-Jeanne se partageaient deux classes, de la onzième à la septième. On enfilait des chaussons avant d'entrer dans les salles de classe qui sentaient l'encaustique et on trempait nos plumes dans des encriers creusés à même les pupitres. Les feuilles quadrillées des cahiers n'étaient pas blanches mais légèrement jaunies. Les demoiselles Louis portaient des blouses et distribuaient des croix d'honneur en fin de semaine. Je n'en ai jamais eu. Nous étions ravis de notre vie deauvillaise, rythmée l'hiver à la corne de brume. Grâce au jardin, nous avons même eu un chien, un gros teckel sympathique avec pedigree du tonnerre, Hermès des Muses, rebaptisé « Nénesse ».

Le Petit Boqueteau était un cadeau de mon père à ma mère. Mais, lorsqu'il a pris la décision d'en repartir au bout de deux ans, elle n'a pas eu son mot à dire. Elle ne toucha même pas un sou sur la vente. Elle m'a souvent dit, après sa disparition : « Ton père n'était pas un homme d'affaires. Quand je pense à toutes ces maisons achetées et revendues, tout cet argent fichu en l'air... » C'était vrai. Mon père n'était ni un homme d'affaires ni un homme d'argent. Tout chez lui était à l'instinct, au coup de cœur, sans calcul aucun. C'est ce qui faisait son charme et rendait le personnage attachant.

Il décida également que ma mère serait abonnée aux Peugeot. Aux breaks Peugeot plus exactement, pour transporter la « maison sur son dos ». Comme il décréta un jour qu'elle n'était douée ni pour le golf ni pour l'équitation. Il ne supportait pas qu'elle ait une activité autonome. Lui-même, un jour, s'était essayé au golf. Il avait réussi la première balle et raté la seconde. Il avait envoyé balader le club avec une phrase catégorique :

– J'arrête. C'est vraiment un sport à la con !

Et, surtout, il supportait difficilement son absence, même quand elle venait nous embrasser le soir dans notre chambre. Si cela durait plus de dix minutes, il se postait en bas de l'escalier pour l'appeler :

– ... Qu'est-ce que tu fais ?

– Je dis bonsoir aux enfants.

– ... C'est long, dis donc...

Mon père n'est jamais monté nous embrasser dans nos chambres. Il est vrai qu'il détestait monter des escaliers. La cérémonie des bisous se faisait dans le salon, tous à la queue leu leu, les uns derrière les autres, Zelle derrière nous. Par la suite, nombre de ses metteurs en scène m'ont expliqué que, lorsqu'il avait à monter ou à descendre des escaliers, il faisait les deux premières marches ou les deux dernières, s'arrêtait net et attendait le « Coupez ! » qui ne tardait pas à arriver. L'exercice physique n'était décidément pas son fort.

Au bout de deux ans, la rue des Villas fut décrétée trop petite et Boitard fut chargé de trouver plus grand. C'était une nouvelle excuse à la « bougeotte » car ma mère adorait sa petite maison. Elle la quittera à contrecœur.

Boitard ne trouva pas une maison, mais deux. Et comme mon père hésitait, il acheta les deux. La Malmaison et L'Héliotrope, situées derrière le casino, se faisaient face, rue Victor-Hugo ; elles étaient énormes. La Malmaison présentait l'avantage d'avoir un grand jardin, des communs, et d'être plus facilement aménageable. L'architecte fut convoqué et des travaux gigantesques commencèrent. La cage d'escalier fut cassée. Depuis le rez-de-chaussée, on voyait jusqu'au troisième étage par un grand trou. Debout, la cigarette entre les doigts, la casquette sur la tête, au milieu de l'agitation et des gravats, mon père exultait. Tous les corps de métier de Deauville y participèrent. Avec un client comme lui, ils se frottaient les mains et, encore aujourd'hui, ils m'en parlent avec des larmes dans les yeux. Comme on appelait l'électricien pour une ampoule grillée, à 200 francs le déplacement, je comprends qu'ils soient encore émus ! La Malmaison fut débaptisée. Il trouvait le nom trop pompeux et il n'aimait pas Napoléon, qu'il qualifiait de « connard mégalo ». La maison resta sans nom ; juste le 136, rue

Victor-Hugo, dite « la grande maison de Deauville », pour la différencier des autres.

Nous y avons donc emménagé, mais il garda quand même quelque temps L'Héliotrope qu'il prêta à Lino Ventura un été pour y accueillir sa petite famille en vacances.

La « grande maison de Deauville » allait devenir le lieu de nos meilleurs souvenirs d'enfance. En comparaison avec La Pichonnière où nous passions le mois de juillet et où nous nous ennuyions un peu, cet endroit était magique.

La Pichonnière était isolée de tout et nous n'avions pas le droit d'y inviter des amis. Tout ce qui était superflu était interdit. Pas de tennis, pas de piscine, pas de cheval à monter parce qu'il était angoissé à l'idée qu'on puisse tomber, et surtout pas le droit de descendre à la ferme où tout se passait. Ça n'était pas très gai pour de jeunes enfants. À Deauville, tout était à portée de main : la mer, la plage, les sports, les magasins et surtout les copains que j'ai commencé à fréquenter lorsqu'on nous a inscrits à l'Athlétic-Club des frères Colin. On y faisait de la gymnastique et du ping-pong, mais on avait l'interdiction de monter aux agrès pour ne pas tomber. À l'âge de 10 ans révolus, avec la bénédiction de ma mère que je suppliais avec insistance, et en cachette de mon père, j'ai commencé à monter à cheval à l'Oxer Club.

Il a bien fallu le lui dire un jour et, curieusement, il m'a laissé continuer. Mais je peux dire qu'avant de sortir sur la plage en promenade, j'ai fait du manège, du manège et encore du manège, comme un apprenti pianiste fait ses gammes. Je ne m'en serais pas plainte, j'étais enfin sur un vrai cheval. Cette activité allait remplir ma vie jusqu'à aujourd'hui. De l'Oxer Club, je suis passée au Poney Club de Robert Chaignon, la personnalité la plus fantastique de Deauville. Il nous donnait des cours de voltige sur Samba, aussi généreuse que son maître. Mais le passe-temps favori de Robert était de réunir les parents autour d'un ou de plusieurs verres et de terminer la journée par des méchouis gigantesques. Tout le monde y venait car tout le monde s'y amusait et ma mère la première. Mon père s'y est toujours refusé et lui faisait même la tête lorsqu'elle rentrait, toute guillerette et un peu « pompette », il faut le dire. Je le soupçonne d'avoir été un peu jaloux qu'elle s'amuse sans lui.

Robert, personnage haut en couleur et à la forte personnalité, régnait sur tout son petit monde, sans distinctions sociales, qui allait de David et Édouard de Rothschild au cuisinier de la brasserie Miocque, en passant par Gilbert Bécaud, Jacques Fabbri ou Eddie Constantine. Il était sévère mais juste et personne dans son domaine ne lui tenait tête. Pendant toute une reprise de manège, il fit mettre mon frère, qui avait fait le matamore, à genoux. Mon père, en planque dans sa voiture, en sortit pour le féliciter de sa rigueur. Il aimait ce genre d'éducation.

Valérie ne montait pas à cheval. Elle fut inscrite chez Raphaël Patorni, ancien champion de tennis qui s'occupait du Sporting Club de Deauville. Celui-ci s'était frotté au métier d'acteur et avait gardé des relations amicales avec mon père. Si bien que, lorsque ce dernier arrivait au volant de sa voiture et se garait le long du grillage pour bavarder avec Raphaël, le cours d'une heure était régulièrement amputé d'une demi-heure. À ce rythme, on décida bientôt que Valérie n'était pas douée pour ce sport, qu'elle perdait son temps, et le tennis fut stoppé net. Mon père était friand des papotages et des cancans du métier et, sitôt qu'il trouvait quelqu'un pour en discuter, il s'amusait beaucoup.

Il ne sortait jamais de sa voiture pour ne pas être reconnu ni importuné. Mais avec sa casquette et ses lunettes noires, il était vite repéré : « ... Oh !... Gabin !... » Les badauds avaient vu le Messie ! Ils se penchaient en passant à hauteur de la vitre ouverte et lui disaient généralement un mot gentil accompagné d'un grand sourire. J'ai vu deux, trois fois des femmes lui lancer un : « Oh ! dis donc Gabin, tu fais bien le fier ! » Lui, imperturbable, se faisait tout petit, le regard droit devant lui, attendant que la caravane passe...

La marche à pied n'était pas non plus son fort. Il prenait sa voiture pour faire cinquante mètres et acheter son *Paris-Turf* au coin du casino. Je pense tout de même que ce système l'avait rendu un peu paresseux.

C'est à Deauville que nous avons appris à nager. Dans la mer car la piscine n'existait pas encore. On en aperçoit les premières fondations dans le film de Claude Lelouch *Un homme et une femme*. Les trois maîtres nageurs sauveteurs, Albert, Jean et René, portaient une vareuse de marin rouge et la casquette bleue des vieux loups de mer. Nous partions dans leur barque en bois à 100 mètres du bord. Attachés au bout d'une perche tout d'abord, puis au bout d'une corde quand on se débrouillait seuls, il fallait affronter les énormes vagues et surtout le froid de la mer qui, à Deauville, chacun le sait, est à 15 degrés ! Quand, transis, on s'accrochait désespérément à l'échelle de l'embarcation, Jean, Albert et René nous repoussaient avec la perche vers le large.

Le soir, en guise de réconfort, on nous permettait de faire un petit tour de plage après le dîner. On s'arrêtait à la confiserie La Reine Astrid pour acheter une sucette géante qu'on dégustait durant la promenade. Le colleur d'affiches de Deauville nous suivait à vélo. Il était amoureux de Zelle.

J'ai toujours connu mon père l'index et le majeur de la main droite jaunis par les cigarettes. Il fumait trois paquets par jour. Deux Gitanes sans filtre et un Craven A qu'il commençait au café du matin. Café qu'il faisait lui-même, car ni la cuisinière ni maman ne trouvaient grâce à ses yeux pour cette tâche délicate. Il terminait son troisième paquet devant la mire de la télévision, à minuit. Les apéritifs étaient sacrés, qu'il y ait ou non des invités, c'est pourquoi on nous envoyait à table avant lui. Ma mère était tenue de l'accompagner, ce qu'elle faisait volontiers. Ce qui lui avait plu en elle, c'est qu'elle était comme lui bonne vivante, avait un bon coup de fourchette et aimait le bon vin. Elle fumait également et, le jour où elle décida d'arrêter, il maugréa : « Arrête tes conneries. Fume donc si ça te fait plaisir. » Il prêchait sûrement pour sa propre paroisse.

Il buvait régulièrement ses 2 scotchs ou quelques « mominettes [1] » avant les repas qu'il arrosait d'un bon vin rouge et, plus tard, d'un gros-plant du marquis de Goulaine qu'il avait découvert à Nantes pendant le tournage du *Tonnerre de Dieu*. Le sylvaner et le gewurztraminer étaient également parmi ses vins préférés. Il se moquait

1. Anisettes.

de Zelle qui buvait du Préfontaines mais elle lui disait, bien déterminée : « Monsieur, chacun son mauvais goût ! »

Il n'appréciait que les plats « légers », bœuf en daube, haricots de mouton, choux farcis, et se régalait des « pieds paquets » que son ami Fernand[2] lui préparait. Un de ses grands régals était de se faire une « tatouille » en écrasant du roquefort avec du beurre auxquels il ajoutait de la *worcestershire sauce*. Il aimait aussi le gruyère trempé dans de la moutarde. En revanche, dès qu'il tournait un film, il devenait d'une sobriété irréprochable et mangeait léger.

Il décidait régulièrement de se mettre au régime, non pour maigrir mais parce qu'il avait mal au « burlingue[3] ». Il prenait alors une petite soupe légère à laquelle il ajoutait parfois un peu de vin rouge. Dès le lendemain, on le voyait arriver à la cuisine, se renseignant sur le plat du jour. Ma mère lui présentait sa tranche de jambon et lui rappelait ses résolutions de la veille. Alors, d'une petite voix blanche et avec sa mauvaise foi habituelle, il répondait : « Oh ! non, tu sais, c'est pas la peine de compliquer le service avec plusieurs plats. Aujourd'hui, je vais manger comme tout le monde... »

Il détestait toutes les fêtes, particulièrement Noël, et prenait un malin plaisir à les gâcher. Je pense que cela venait du fait qu'il n'y en avait jamais eu chez lui quand il était petit.

Dès qu'on dressait le sapin, il commençait à s'angoisser et à tourner en rond pour finalement « faire la gueule » le 24 décembre. Odette Ventura m'a confié quelques années plus tard que Lino était pareil. Cette attitude rendait folle ma mère, qui préparait fébrilement ce jour en décorant la maison. Zelle découpait du crépon, peignait des Pères Noël à la barbe de coton, fabriquait des petits anges. Pour nous, c'était la joie, mais la plupart du temps, nous mangions tous les trois seuls avec Zelle. Lui boudait dans son coin et dînait quand tout le monde allait se coucher. Foutu caractère ! Il venait quand même vérifier si les sept nains de Blanche-Neige

2. Fernandel.
3. Ventre.

en bougies, disposés au centre de la table, ne mettraient pas le feu aux guirlandes qui les entouraient. Ces pauvres nains ont fait plusieurs années car, à peine allumés, il les faisait éteindre !

Les producteurs et metteurs en scène lui concoctaient des plannings de films « aux petits oignons ». Casanier, il détestait voyager et passé la Loire, c'était l'aventure. Gilles Grangier, qui le connaissait bien, a raconté que, pour *Le cave se rebiffe*, la séquence à la Jamaïque s'est terminée, après maintes discussions, sur le champ de courses de Hyères et, vraiment, parce qu'il était tout à fait impossible de la transposer sur le champ de courses de Deauville !

En 1960, nous habitions Deauville, et c'est tout naturellement là que Jean Delannoy et Michel Audiard situèrent l'histoire du *Baron de l'écluse*. Il n'eut que la rue à traverser pour commencer le tournage. Père de famille exemplaire, il ne voulait pas non plus tourner pendant les vacances scolaires, pour profiter de ses enfants. Ceci était d'ailleurs stipulé dans ses contrats.

Durant le tournage des *Vieux de la vieille*, il dut s'exiler en Vendée, nous laissant un bon mois seuls à Deauville. Dès qu'il fut en studio à Paris, nous l'avons rejoint à l'hôtel Baltimore, avenue Kléber, son quartier général, où le propriétaire des lieux était aux petits soins pour lui. Bien entendu, nous avons abandonné l'école en pleine semaine. Il voulait voir ses enfants, le reste pouvait bien attendre. Et ma mère qui poussait toujours des hauts cris suivait quand même. Durant tout ce tournage, il a porté une barbe naissante qui piquait dur ! Et je me souviens que pendant deux mois nous avons refusé de l'embrasser.

Au bout de deux ans, l'air de Deauville fut déclaré vicié. Nous avons donc refait nos bagages et repris la « roulotte » pour l'Orne. Nous avons vécu à La Moncorgerie pendant six mois. Pour les études, on nous avait alloué une préceptrice très « seizième », très comme il faut, qui connaissait les bonnes manières. C'était une vieille fille d'une soixantaine d'années, toujours vêtue de jupes longues jusqu'aux chevilles et qui ne sortait jamais sans son chapeau de paille. Son nom prêtait à sourire, elle s'appelait Mlle Frécon. Mon père l'avait rebaptisée « Miss Frécon ». Nous ne l'aimions pas beaucoup et lui jouions souvent de mauvais tours. À notre décharge, c'est vrai qu'il n'était pas très gai pour de jeunes enfants d'être chaperonnés par une dame fidèle à des principes aussi vieillots. Cette scolarité sans contraintes et sans horaires nous a donné l'impression d'une certaine liberté. Liberté qu'on a commencé à nous donner par petites touches lorsque nous l'avons sollicitée. À la campagne, on ne risquait pas grand-chose, à part se faire courser par une vache caractérielle. Lorsque nous partions en pique-nique tous les trois, avec notre panier rempli de victuailles, c'était dans un périmètre de 200 mètres, dans le champ d'à côté ou à l'orée du petit bois qui côtoyait la maison. Mais, même à cette distance des parents et de Zelle, nous avions l'impression d'être largués au bout du monde, enfin seuls loin des yeux scrutateurs.

La pêche aux poissons-chats et aux têtards, dans l'Iton qui coulait en bas de chez nous, était un moment privilégié où nous pouvions également nous échapper. Ma mère, grande pêcheuse à la truite devant l'Éternel, venait quelquefois nous rejoindre. Elle s'était acheté tout un matériel sophistiqué avec des moulinets derniers modèles et sortait ses appâts de la boîte, des asticots et des sauterelles que nous étions chargés de récolter en les prenant par la queue pour ne pas les abîmer. Le soir, les parents se régalaient de ces poissons arrosés d'un petit vin blanc. C'était un bonheur simple.

Il nous est arrivé d'être invités chez des paysans voisins à « faire collation ». Ces fermes tournaient encore comme dans l'ancien temps, la traite se faisait encore manuellement et le personnel était nombreux. Vers 4 heures de l'après-midi, patrons et ouvriers arrêtaient leur dur labeur pour s'attabler, reprendre des forces. Je n'avais jamais vu des tables de ferme aussi copieusement servies : saucissons, andouilles, rillettes, tripes, jambons, fromages, mangés avec le gros pain de quatre[4], le tout arrosé de cidre ou de vin

4. Pain de quatre . pain de quatre livres.

rouge, selon le goût de chacun. Une fois la panse repue, on servait le pousse-café, du calvados qui devait dissoudre tout ce qui avait été ingurgité. Quand les hommes ressortaient, la face bien rougeaude, ils n'allaient pas se coucher mais repartaient au travail aussitôt, le pantalon souvent déboutonné mais les bretelles soutenant le reste. C'est lors de l'une de ces collations que j'ai eu le suprême honneur de monter une jument percheronne et mon frère de conduire le tracteur. Il avait 5 ans et cela lui a plu. Est-ce ce jour-là qu'il a décidé d'être paysan plus tard ?

Mon père a commencé vers cette époque à pratiquer un véritable laisser-aller vestimentaire. Avec son éternelle veste à carreaux noirs et blancs et ses pantalons de flanelle trop larges auxquels il avait fait poser trois crochets à la ceinture pour lui permettre de se desserrer au fur et à mesure du repas, il arborait fièrement des Pataugas, sorte de baskets en toile beige ou kaki à grosses semelles caoutchouteuses qui, à ses dires, lui tenaient parfaitement les chevilles, qu'il avait fines et fragiles. Ma mère rongeait son frein car elle savait que rien n'aurait pu lui faire changer sa garde-robe campagnarde. Le pire fut un soir où, à Paris, il a été dîner juste derrière chez lui, chez Paul Chêne, en charentaises. Ma mère aurait voulu rentrer sous terre, mais le prétexte sans appel qu'il était plus à son aise qu'avec ses éternelles bottines noires ne supportait aucune contradiction.

Les rapports de mon père avec le personnel ont toujours été harmonieux. Il était exigeant mais juste et on le respectait. C'est ma mère qui s'occupait de l'intendance, engageait les employés et même réglait les problèmes qu'ils avaient entre eux. Tout ce petit monde, selon son importance, se crêpait le chignon et ma mère s'arrachait les cheveux. Et Dieu sait si les problèmes étaient nombreux. Tout cela n'arrivait pas aux oreilles paternelles, ma mère ne voulant pas le contrarier avec des broutilles. Il se contrariait assez tout seul dans la vie quotidienne.

Pour la maison, nous avons toujours eu entre trois et cinq personnes à notre service. Outre Zelle, il y avait une cuisinière, une femme de chambre et une femme de ménage. Un valet de chambre fut même attaché au service de mon père. Il lui préparait sur son lit, lorsqu'il sortait, son costume, sa chemise et jusqu'à ses boutons de manchette. Cela me fascinait d'autant plus que nous avions ordre, ma sœur et moi, de laver notre petit linge nous-mêmes. Par respect envers elles, les femmes de chambre avaient interdiction d'y toucher.

Mme Chesnot est rentrée à La Moncorgerie en même temps que nous. Elle a toujours été une femme délicieuse, à la fois cuisinière et femme de ménage. Discrète et réservée, elle ne s'occupait aucunement des ragots de maison. Elle tenait sa place indispensable, avec recul et intelligence. Il est vrai qu'elle habitait avec son mari une petite ferme non loin de chez nous et que, chaque matin, avant d'arriver à 8 heures précises, elle trayait ses vaches, nourrissait moutons et volaille, et faisait son ménage. Son mari, qui travaillait à l'usine, allait bientôt nous rejoindre comme jardinier. Les potagers étant énormes, il fallait quelqu'un à demeure pour les entretenir. Car la plupart des légumes et des fleurs venaient du jardin. Sans compter les lapins du clapier, qui étaient tout de même plus gras que ceux des traiteurs. Liliane, leur fille, est venue à 15 ans chez nous comme femme de chambre. Nous la considérions comme une copine et de temps à autre, on nous rappelait à l'ordre pour qu'elle puisse faire son travail. Des couples de gardiens, des cuisinières souvent portées sur « le gorgeon », que ma mère avait du mal à recruter et à garder, des femmes de ménage qui déprimaient, se sont succédé. Les problèmes étaient permanents. Nous avons même connu une cuisinière un peu folle qui ne se servait jamais des toilettes. Elle allait faire pipi sur la pelouse, juste devant la maison, si bien que l'herbe a fini par griller ! Mon père se mit en colère et elle fut congédiée. Une année, pour Pâques, on ne put ouvrir « la grande maison de Deauville », faute de personnel. Mon père a alors transporté toute sa famille à l'hôtel Royal.

Et puis, un jour, est arrivée Jacqueline Lainé, dite « la Jacquotte ». Parce qu'à la maison toute personne vivant sous notre toit était affublée d'un surnom gentil. La Jacquotte n'accepta son poste de cuisinière qu'à l'expresse condition de rester à Paris. Normande, originaire de Bonnesbosq, village perdu au fin fond du Calvados, propriétaire terrienne de surcroît, elle ne rêvait que de la capitale. Elle n'était pas transférable en province et, les rares fois où elle nous a suivis à Deauville, elle a fait la tête pendant tout le séjour. Elle restait souvent seule à Neuilly avec mon père lorsqu'il tournait. Excellente cuisinière, elle lui préparait des petits plats comme il les aimait. Elle avait même tendance à le gâter un peu plus que nous. Foutu caractère, mais tellement originale. Économe, elle ne se nourrissait que de croissants, d'un morceau de pain ou du « dépiautage » de la carcasse du poulet. Un jour, elle a même mangé le poisson du chat, prétextant que c'était trop bon pour lui ! Quand elle était de travers, elle nous engueulait. Mon père disait alors en rigolant : « La Jacquotte est en pétard... » Fidèle jusqu'au bout, elle nous a quittés après la mort de mon père.

Zelle était la seule personne qui répondait à mes parents. Elle avait la prérogative du temps et surtout la responsabilité des enfants, ce qui était primordial. C'était quelqu'un de fiable, d'honnête, de responsable, et surtout de célibataire et heureuse de l'être. Mes parents se reposaient entièrement sur elle lorsqu'ils s'absentaient quelques jours. Elle avait une passion pour les chats. Nous avions à un moment un gros chat roux baptisé « Mouni ». Celui-ci prenait un malin plaisir à venir se frotter contre les jambes paternelles et surtout à faire ses griffes sur la moquette de sa chambre. Le surprenant un jour, mon père est allé décrocher le fusil de chasse dans son bureau : « Foutu greffier... Je vais le butter ! » Son caractère excessif ressortait dans les moments de colère mais il n'aurait jamais joint l'acte à la parole. Zelle s'est précipitée, les bras en croix devant le chat qui, vu la tournure que prenaient les événements, a pris la poudre d'escampette. Hors d'elle, elle a lancé : « Non, monsieur, vous me tuerez d'abord avant de tuer le chat ! » Nous sommes tous arrivés en pleurant et en criant. La situation était digne d'un mélodrame.

N'en déplaise à certains, mon père était chasseur, comme tous les gens de la terre. Il avait possédé après-guerre quelques Beagles[5] dans sa propriété de l'Eure et c'était un très bon

5. Beagles : petits chiens courants tricolores.

« fusil ». À l'époque, il était svelte. À La Moncorgerie, il n'y avait plus de chiens pour chasser ; ils demandaient de la marche et du souffle et laissaient souvent des kilomètres dans les pattes. Les deux chiennes setter anglais que nous possédions étaient là pour la décoration... Mon père était devenu un peu paresseux mais il ne rechignait pas, de temps à autre, à battre quelques pièces de terre pour soulever le lièvre ou tirer le perdreau. Il partait avec deux ou trois compagnons. Généralement Bernard Odolant, le chef de culture, Maître Aguesseau, huissier de justice, greffier de paix de Moulins-la-Marche, Gaston Pouzaud, le maçon qui avait construit La Pichonnière et La Moncorgerie, et surtout Guy Ferrier-Arsac, son neveu, grand fusil devant l'éternel, toujours flanqué de son chien Féfé. Le casse-croûte et la boisson dans la gibecière, ces battues étaient surtout prétexte à refaire le monde en marchant lentement ; ils n'épaulaient que lorsque le gibier les narguait à quelques portées de fusil. Mais j'ai connu des jours gras où, à leur retour, nous nous précipitions dans la cuisine pour voir alignés sur la table perdreaux, faisans et canards. Il fut même une époque où, à Deauville, dans les marais de la Touques pas encore asséchés, mon père chassait la bécasse avec son boucher, Jacques Borel.

C'est en 1960 que mon père fit la connaissance de Marcel Dejean, propriétaire et entraîneur de trotteurs. Il lui acheta ses deux premières poulinières, Belga D et Hortensia VII, jument qui avait gagné le Prix du président de la République, le Prix du Cornulier, et avait fini placée du Prix d'Amérique. Celle-ci allait lui donner son premier gagnant à Vincennes, Quartier-maître, un futur étalon. Dès qu'un tout premier cheval devient un champion, on vole sur un petit nuage et on imagine la suite avec des rêves plein la tête. Mon père, dès lors, investit beaucoup d'argent, principalement sur des femelles, pour monter une jumenterie. Il allait bientôt se trouver à la tête d'une trentaine de chevaux, qui ne furent pas à la hauteur de ses espérances. Et pourtant, à chaque naissance, il regardait amoureusement les poulains évoluer dans les herbages. Il avait du « Vincennes » plein les yeux, mais il s'est souvent contenté de la province. Il aimait l'élevage par-dessus tout. C'est lui qui m'en a inculqué la science, que j'ai parfaite plus tard sur les champs de courses. Sa passion allait être dévorante. Tout tournait désormais autour des courses. Son grand bonheur était de passer ses journées à La Pichonnière, au milieu de ses chevaux ou d'aller au restaurant panoramique de Vincennes rencontrer des éleveurs, des propriétaires, des entraîneurs, et de refaire le monde du turf avec eux. Il sympathisa très vite avec les frères Gougeon, Jean et Michel, qui lui menèrent ses chevaux en course. Il nous emmenait souvent déjeuner chez eux à la campagne. Il fréquentait maintenant le milieu des courses et il jubilait d'être admis dans ce sérail si fermé. Il avait même créé son propre champ de courses sur ses terres de Moulins-la-Marche. Au début simple « champ de patates », il a été amélioré petit à petit. Il avait même fait construire une petite tribune privée pour ne pas être importuné par le public enthousiaste. Il disait avec fierté : « Je suis le seul homme en France avec Marcel Boussac[1] à posséder un hippodrome. » À un gala des courses à Deauville, le baron Guy de Rothschild l'aborda chaleureusement :

– Bonjour, cher confrère.

Mon père, flatté, lui répondit :

– Je suis un très modeste confrère.

Guy de Rothschild lui rétorqua :

– Dans ce milieu, il n'y a pas de modeste confrère. Tout peut arriver.

Il avait raison. C'est la « glorieuse incertitude du turf ». J'étais heureuse de tous ces chevaux à la maison. Et j'avais même réussi à le persuader de me laisser travailler aux écuries. J'ai appris le métier sans traitement de faveur : en plein hiver, je plongeais les mains dans l'eau glacée pour laver les cloches, guêtres et bottines. Je graissais les cuirs, faisais le pansage de mes trois chevaux. Les mains m'ont souvent brûlé de froid mais je n'aurais rien dit pour tout l'or du monde. Mon royaume pour un cheval ! Mon père le voyait et s'en amusait : « Elle biche, la Florentine[2] ! »

J'éprouvais tout de même une certaine frustration. Les trotteurs c'était bien, mais je rêvais de galopeurs, de Longchamp, de Chantilly. Je voulais rencontrer ce jeune jockey prodige qui défrayait les chroniques du turf, Yves Saint-Martin, le *« Golden boy »*, comme le surnommaient les Américains, qui transformait

---

1. Marcel Boussac était propriétaire du champ de courses de Saint-Cloud.
2. Surnom qu'il m'avait donné.

les chevaux qu'il montait en or. L'homme qui recevra quinze Cravaches d'or. Tous les jours, je tannais mon père pour acheter un pur-sang. Il finit par céder parce que je suppose que, lui aussi, en avait envie. La première pouliche, Belle de Cadix, fut très mauvaise. C'est alors qu'il rencontra l'entraîneur Peter Head, qui lui acheta deux pouliches venant de grands élevages, Vacance et Instantané, toutes deux à l'origine de son élevage et, cette fois-ci, d'un élevage plus fructueux. Il retrouva un vieil ami, Jack Cunnington, entraîneur à Chantilly, et lui acheta quelques pouliches. Ses galopeurs lui procurèrent assez vite des satisfactions. Ses couleurs brillèrent à Longchamp, Saint-Cloud et Maisons-Laffitte. Entretemps, ma mère, qui faisait les comptes, lui fit admettre que l'écurie de trotteurs était déficitaire et qu'il valait mieux vendre. Il organisa donc à La Pichonnière une vente privée où tout partit, jusqu'aux sulkys et aux harnais. Une page était tournée et je pense qu'il a dû être malheureux. Mais il gardait cet échec pour lui et ne le montra jamais. Bourru, sentimental, la sensibilité à fleur de peau, mais toujours secret.

Au bout de six mois à la campagne, deux films se profilèrent à l'horizon à Paris : *Le Président* et *Le cave se rebiffe*, tous deux produits par Jacques Bar. C'était en 1961. Jacques et lui allaient faire cinq films de suite ensemble. L'angoisse d'être séparé de nous lui fit prendre la décision de ramener tout son petit monde dans la capitale. Ma mère n'eut pas le temps de trouver un appartement correct. Nous avons donc établi notre « campement » à l'hôtel Trianon Palace dans le parc de Versailles, alors un hôtel privé. Zelle et la Miss Frécon faisaient partie des bagages et nous occupions la moitié d'un étage. Nous y sommes restés six mois. Ma mère était ravie, elle n'avait plus de problèmes de personnel. J'ai été inscrite au manège Leroyer pour continuer les leçons d'équitation et tous les jeudis et dimanches, nous arpentions les allées du château. Je connaissais les noms des bassins par cœur et j'avais fini par prendre ce parc, pourtant magnifique, en grippe.

C'est à cette époque que nous avons découvert les joies de la montagne et du ski, à Crans-sur-Sierre, en Suisse. Hormis deux séjours très brefs à Cannes, au Carlton, et au Provençal à Juan-les-Pins, notre univers s'était borné à Deauville et à l'hôtel de la Plage. Nous ne rêvions que de prendre le train et d'y dormir, pour se réveiller dans un lieu magique, si possible sans pluie ! C'est au cinéma de Crans-sur-Sierre que nous avons été voir *Le Capitan*. À l'âge de 12 ans, je suis tombée amoureuse de Jean Marais, qui était alors à l'apogée de sa gloire avec tous les films de cape et d'épée. Je découpais des photos dans les journaux que je collais au mur. Et l'idée me traversa l'esprit qu'en faisant du cinéma un jour, je pourrais non seulement le rencontrer mais vivre à cheval dans l'Histoire de France. Lorsque, bien plus tard, j'ai travaillé dans le métier, j'avoue que c'est un peu cela qui m'y a poussée. Malheureusement, dans les années 1970, les films de cape et d'épée ont disparu des écrans. Je suppliais tellement mon père de rencontrer Jean Marais qu'un jour il m'a ramené une superbe photo dédicacée. Il avait été la lui demander sur un plateau voisin du sien. Cette photo ne m'a jamais quittée depuis lors. Il y avait écrit : « Pour Florence, la fille de notre plus grand acteur. Mille amitiés. Jean Marais. » J'étais perplexe devant cette dédicace, car il était évident pour moi que Jean Marais était beaucoup mieux que mon père. Persuadée qu'il le voyait chaque jour au studio, je le questionnais en permanence à son sujet. Il finit par me dire : « Jeannot, c'est le mec le plus gentil que je connaisse dans le métier, mais quand il commence à nous parler de Cocteau, il nous fait chier ! »

Lorsque je l'ai rencontré, des années plus tard, chez lui, à Vallauris, et que je lui ai dit l'admiration que je lui portais, il fut modeste comme à son habitude et, de sa belle voix éraillée me répondit : « Mais Florence, entre votre père et moi, il y a un monde. Je suis tout petit par rapport à lui. » Le rire par lequel il termina sa phrase me restera à jamais gravé dans le cœur.

Au Trianon Palace vivait également l'ex-femme d'Arthur Conan Doyle et son secrétaire particulier. Ce garçon était superbe, très élégant, racé, très mat de peau, au physique d'Indien. Chaque fois que nous passions devant lui, nous le dévisagions avec insistance. Mon père finit par lui dire que nous étions fascinés parce qu'il ressemblait à Aigle noir, héros d'un feuilleton télévisé. Cela l'a beaucoup amusé et il nous a offert un gros paquet de sucettes de chez Fauchon. Nous l'avions séduit.

Pendant ces six mois passés à l'hôtel, ma mère se mit en quête d'un appartement et, pour la rentrée des classes 1962, nous avons emménagé à Neuilly. Pour douze ans ! Un record. Mais avec quand même deux escapades à Deauville dans les années 1964-1965 et 1968-1969. Cet appartement en location était situé au 31, boulevard du Commandant-Charcot, dans le château de Madrid, à l'orée du Bois. Le duc et la duchesse de Windsor habitaient juste en face et nous les voyions souvent promener leurs carlins dans l'allée cavalière.

Notre école fut le cours Charles-de-Foucault, un cours privé fréquenté par des fils et des filles de bonne famille, pas spécialement passionnés par les études. Mais il avait l'avantage d'être à cinq minutes à pied de la maison. C'est là que j'ai connu Laurent Rossi dont le père, Tino, habitait non loin et Stéphane Paoli, qui deviendra journaliste à la télévision. Vittorio Innocenti, propriétaire de la trattoria Livio à Neuilly, faisait également partie des élèves. Mes deux meilleures amies furent Shirine Panaï, fille de l'ambassadeur d'Iran, et Fabienne Monclar, la fille du général, royaliste convaincue, qui fit mon éducation sur ce sujet.

Ma mère insistait pour que mon père nous emmène au spectacle. C'est ainsi qu'un soir, non sans avoir maugréé, il nous emmena à Mogador voir l'opérette *Rose-Marie*, avec Marcel Merkes et Paulette Merval. Il avait revêtu pour la circonstance un superbe costume bleu nuit et nous sommes arrivés en famille au théâtre. Je ne sais comment les journalistes avaient été avertis, mais quelques-uns étaient à l'affût : Gabin, qui ne sortait jamais, emmenait ses enfants au spectacle. Quel scoop ! « Sont-y emmerdants tout de même. On ne peut rien faire comme tout le monde... »

Malgré cet incident, nous avons tout de même passé une soirée formidable en écarquillant grand nos yeux. Mon père décida qu'il ne nous accompagnerait plus. Nous irions applaudir Luis Mariano et Pierre Vaneck dans *L'Aiglon*, au Châtelet, sans lui. Il ne voulait en aucun cas exposer ses enfants à la une des journaux, et les sorties avec notre mère étaient plus discrètes.

Toute notre préadolescence s'est passée sans histoires et sans crise existentielle. Mon frère Mathias et moi étions plutôt disciplinés, alors que ma sœur montrait un caractère plutôt fantasque, qu'elle gardera. Révoltée et indépendante, c'est pourtant elle qui quittera le plus tardivement le giron familial. Mathias et moi avions intérêt à marcher droit. En revanche, à la moindre « connerie » de Valérie, mon père rigolait ; elle avait des passe-droits sur lesquels il n'était même pas question de discuter. Sentait-il une certaine instabilité et une fêlure sociale qu'il essayait de combler par plus de magnanimité ?

Zelle continuait de nous emmener et de venir nous chercher à l'école tous les jours, de peur qu'il ne nous arrive quelque chose sur le trajet de 300 mètres. C'est seulement vers l'âge de 14 ans que j'ai eu le privilège d'y aller seule. J'avais alors un amoureux transi qui m'accompagnait jusqu'à la maison. Il eut beau m'offrir le disque de la musique du film *Hatari*, je le priai gentiment de ne pas insister, et j'ai réussi à m'en débarrasser.

Nous n'avions évidemment pas le droit de prendre le bus et le métro seuls. Zelle était toujours là. La grande distraction de

Mathias le jeudi était de faire l'aller-retour place de Bagatelle – gare du Nord avec le 43. Les autobus étaient encore à plate-forme et – ô bonheur suprême ! – le contrôleur l'autorisait à tirer sur la chaîne qui donnait le feu vert du départ au conducteur.

Les promenades dominicales dans les jardins de Bagatelle avaient remplacé celles du parc de Versailles et j'ai fini par les prendre elles aussi en grippe. Je montais à cheval rue de la Ferme à Neuilly et à la SEP[1] au Jardin d'acclimatation. Les reprises étaient données par d'anciens officiers de cavalerie, aussi rigides que leurs bottes, qui claquaient leur chambrière dans notre dos pour qu'on se tienne droit. Le Poney Club de Deauville et Robert Chaignon étaient bien loin mais cela m'a appris que l'équitation demandait une rigueur et une discipline qui privilégiaient l'animal au détriment du cavalier. Je n'ai pas abandonné pour autant et me suis pliée sans mot dire à cette éducation rigoriste. J'ai lu tous les manuels liés à cette discipline, particulièrement ceux d'Yves Benoist-Gironière – six en tout –, qui expliquaient comment aborder et soigner son cheval. Chaque année, à Noël, j'espérais trouver dans mes bottes l'animal de mes rêves et chaque fois je ravalais mes larmes.

Pour l'obtention du BEPC, mon père me promit enfin ce cadeau. J'ai travaillé d'arrache-pied. Ça n'était pas la carotte à l'âne qui était au bout de l'effort : c'était toute ma vie. Le jour J je suis revenue toute fière, l'examen en poche. Mon cœur battait. Quelle ne fut pas ma déception lorsque, en guise de récompense, on m'offrit un livre de gravures anglaises sur les chevaux ! Devant ma mine décomposée ma mère m'annonça : « Ton père ne veut pas de cheval car il estime que tu n'es pas encore suffisamment bonne cavalière. Il juge cela trop dangereux. »

Je crois surtout qu'il ne voulait pas encombrer son haras d'un cheval improductif qui apporterait du travail supplémentaire au personnel. Tout s'écroulait, il fallait repartir de zéro dans mes efforts pour le faire céder.

---

1. Société d'équitation de Paris.

Très tôt, il nous a mis « au parfum » d'une moralité toute personnelle qui sourdait à chacune de ses paroles et à chacun de ses actes. En gros, de tout ce qui avait forgé son mythe sur les écrans et dans sa vie. Ses principes étaient plus proches de l'homme du peuple que du bourgeois ou du notable. Comme l'a dit Pierre Jakez Hélias dans son *Cheval d'orgueil*, la fierté morale est tout ce qui reste au pauvre, à celui qui n'a pas la chance de naître nanti. Et pour mon père, que l'homme naisse riche ou pauvre, les valeurs morales devaient être les mêmes : la droiture, la loyauté et l'honnêteté. « Dans la vie, il faut toujours aller la tête haute et pour ça il faut marcher droit. On peut avoir des défauts mais il faut être propre. » D'ailleurs, pour lui, il y avait d'un côté les « mecs bien » et de l'autre les « loquedus » ou les « mange-merde ». Je le soupçonne d'avoir eu un grand faible pour La Fontaine, lui qui détestait les courtisans et était allergique à tout ce qui brille. Il a tout de suite « cassé » pour nous le miroir aux alouettes en nous répétant que « dans la vie, on n'est rien tant qu'on n'a rien prouvé par soi-même et que d'être les enfants de Gabin ça ne veut rien dire ». Nous étions tellement tenus à l'écart de sa vie professionnelle que nous n'avions d'ailleurs sur ce sujet aucune notion de ce qu'il représentait.

Mon père avait travaillé dès l'âge de 14 ans comme manœuvre à l'usine pour gagner « sa croûte ». Nous n'avons jamais eu d'argent de poche, question de principe : « Le pognon, ça se gagne et il faut travailler pour en avoir. »

« Je suis là pour vous élever jusqu'à votre majorité. Si vous ne voulez pas faire d'études c'est votre droit, mais il faudra bosser parce que je ne vais pas vous entretenir toute votre vie. Par contre, vous aurez toujours à bouffer à la maison. » Son propos était paradoxal car il n'avait qu'une frayeur, c'est que nous quittions son toit. En nous encourageant à travailler, il n'a jamais pensé que cela pourrait nous amener à une certaine indépendance. Mon frère ne montrant pas de grandes dispositions pour les études, mon père l'a envoyé dès l'âge de 15 ans à La Pichonnière pour apprendre le métier de la terre. Il y a travaillé comme ouvrier, mais sans toucher la moindre paye. Nourri, logé, tout simplement.

À l'âge de 17 ans, je me suis engagée l'été dans un magasin de vêtements comme apprentie vendeuse. J'y gagnais 500 francs par mois, que j'arrondissais en faisant les vitres avant l'ouverture. Je réitérai l'année suivante. À 19 ans, je commençai le métier de scripte et, un an plus tard, je m'installai dans mes meubles sans plus jamais lui demander un sou. Il m'a forgé le caractère et, même s'il l'a fait de façon un peu dure, il m'a donné dans la vie une force et une volonté terribles.

Mon père détestait l'amateurisme dans tous les domaines, professionnel ou privé. Mais cette exigence et cette rigueur, il se les imposait d'abord à lui-même. Sur un plateau, chacun devait être « sur le coup » sous peine d'engueulades, mais gare aussi à l'époux ou au père de famille volage qui ne respectait pas son contrat. Le fautif tombait systématiquement en disgrâce. Pierre Granier-Deferre, qu'il avait connu assistant et qui eut avec lui des rapports très complices, avait été marié quatre fois et avait cinq enfants de ses différentes femmes. Mon père, d'une façon amusée, lui avait lancé un jour : « T'as une vie compliquée, toi. » Et quand Pierre lui avait rappelé avec humour ses anciennes liaisons et ses deux précédents mariages, il lui avait rétorqué avec sa mauvaise foi légendaire : « Ouais ! mais je n'avais pas d'enfants. Quand on a une famille, on l'assume jusqu'au bout même si c'est emmerdant. »

Il a réussi l'exploit d'être père de famille dans une profession qui ne facilite guère cet état. Et, pourtant, je ne suis pas sûre qu'il ait été fait pour cela. Il a souvent été maladroit dans ses actes et ses paroles. Il parlait peu, et il fallait deviner. Je n'ai jamais connu mon père nous prenant dans ses bras pour faire un câlin ou nous embrasser, et pourtant l'amour était là. Nous le sentions quand nous étions malades. Il se faisait alors un sang d'encre. À 37,2 °C, nous n'allions pas en classe. Quand on toussait, c'est tout juste si on ne passait pas une radio des poumons, ça devenait tout de suite la tuberculose ! Et lui, qui détestait monter les escaliers, venait nous voir dans nos chambres toutes les heures. À la troisième visite, nous le renvoyions en l'engueulant. « Les gosses m'ont envoyé sur les roses », disait-il, chagrin, à ma mère. Il était sûrement profondément malheureux.

À vouloir trop nous protéger dans le cocon où nous étions reclus, il ne nous a pas donné d'armes pour nous défendre. Et, plus tard, dans les rapports professionnels, amicaux ou sentimentaux, je me suis pris quelques bonnes claques dans la gueule auxquelles je n'étais pas préparée.

Son autorité était indéniable, il était le patriarche. Aux repas, il siégeait en bout de table. Dès qu'il ouvrait son laguiole en le posant à côté de son assiette, on savait qu'il ne fallait plus dire de conneries. Les repas étaient longs pour des enfants et, au bout d'un moment, nous gigotions sur nos chaises. Nous nous regardions et le fou rire nous prenait. Nous commencions à nous lâcher un peu, soutenus par Zelle. Il n'avait pas besoin d'élever la voix et quand l'ambiance commençait à devenir chaude, il lançait du bout de la table un « Oh ! » catégorique qui nous arrêtait instantanément. Une fois la table quittée, c'était une explosion de joie. Si nous bougions un peu trop autour de lui, il nous tançait fermement : « Merde, vous me fatiguez. Arrêtez de faire les derviches tourneurs [1], tirez-vous ! » Nous quittions aussitôt la pièce en poussant un soupir de soulagement.

C'est la raison pour laquelle petit à petit nous avons pris nos repas du soir avant lui. Ma mère l'accompagnait plus tard afin qu'il puisse digérer tranquillement. Les enfants étaient pour lui une source de stress quotidien. Il avait toujours des sursauts d'autorité quand nous envoyions le bouchon un peu loin. « Le

1. Confrérie de mystiques musulmans célèbres pour leur danse : celle-ci consiste à tourner sur soi-même de plus en plus vite, jusqu'à atteindre un état de transe et de communion avec Dieu.

Mes parents en 1952. *(collection privée)*

Mes parents entourant Mme L'Helgouach' à Sainte-Anne-la-Palud, au début des années 50 devant l'hôtel de la Plage. *(collection privée)*

1

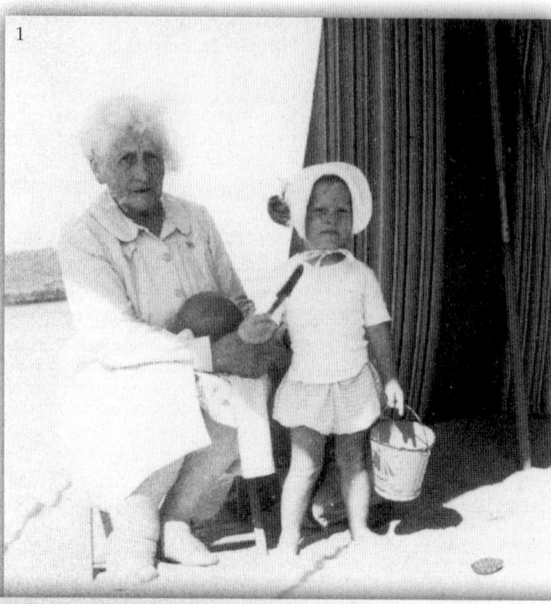

2

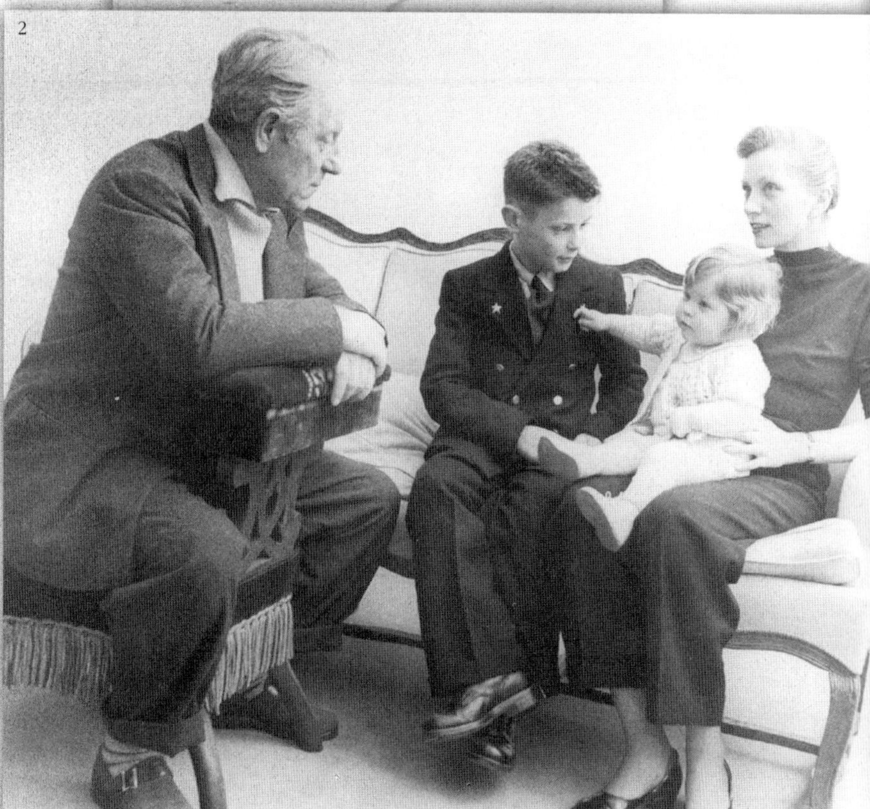

1. - Avec la tante Louise sur la plage de Sainte-Anne-la-Palud, en 1951. *(collection privée)*

2. - Avec mes parents et mon frère Jacky, boulevard du Château à Neuilly, en 1950. *(photo Guy Ferrier-Arsac)*

3. - Sur la plage de Sainte-Anne-la-Palud, devant les dunes avec un petit copain.
À droite ma mère avec Jacky, en 1951. *(collection privée)*

4. - Sur une barque de « La Rivière Enchantée » au Jardin d'Acclimatation, en 1950. *(collection privée)*

1

2

1. - Avec mon père, boulevard du Château dans le jardin de Neuilly, il a mis sa casquette sur ma tête, en 1952. *(photo Guy Ferrier-Arsac)*

2. - Avec mon père, en 1951. *(photo D.R.)*

3. - Avec mon père à Bonnefoi, en 1954. *(photo Guy Ferrier-Arsac)*

4. - Ma mère, mannequin chez Lanvin, en 1948. *(collection privée)*

5. - Ma sœur Valérie, mon père et moi, à la petite maison de Bonnefoi, en 1954. *(photo Guy Ferrier-Arsac)*

3

4

5

1. - À Deauville sur les marches de l'hôtel Normandy, photographiés par « Zelle » je suis assise à côté de mon père, en 1956. *(collection privée)*

2. - À Cannes, je « drive » mon premier cheval, en 1955. *(photo D.R.)*

3. - Mon père devant l'hôtel Normandy à Deauville, entre des prises de vue du *Baron de l'Écluse,* il a sa bavette de maquillage autour du cou, en 1960. *(photo Marcel Dole)*

4. - Avec Lino Ventura lors d'un dîner, en 1976. *(collection privée)*

5. - L'Anniversaire de Romy sur le tournage de *Max et les Ferrailleurs,* avec Michel Piccoli, Claude Sautet et François Périer, en 1970. *(photo D.R.)*

4

5

Avec Virna Lisi lors du tournage des *Galets d'Étretat* de Sergio Gobbi, en 1971. *(photo Gian Carlo Botti/Stills)*

patron, ici, c'est moi ! » Il avait raison, tout ce qu'on possédait, jusqu'aux chaussures qu'on portait, c'est à lui qu'on le devait. Nous n'avons jamais manqué de rien, même si nous n'avons jamais eu le superflu. Mais ça, c'était une autre histoire et ce serait à nous, plus tard, de nous l'offrir.

Cette éducation pourra paraître outrancière ou passéiste, mais l'autorité paternelle et le respect de la famille sont peut-être ce qui manque aujourd'hui.

Si étrange que cela puisse paraître, nous le respections mais ne le craignions pas. Et plus les années passaient, plus ma sœur et moi lui tenions tête. Si, pendant une discussion sérieuse où il essayait de nous distiller une vérité, nous faisions semblant de ne plus prêter attention à ce qu'il disait, il lançait immanquablement : « Parle à mon cul, ma tête est malade. » Cette indifférence que nous lui témoignions en apparence le chagrinait, alors que, sur un plateau, il était craint et adulé à l'extrême. « C'est un monde, tout de même, je n'arrive plus à faire la loi chez moi. On me prend maintenant pour un vieux con. » L'adolescence arrivait, avec son cortège de problèmes. Il n'était pas préparé à cela.

Il adorait la vie d'hôtel et je pense que s'il n'avait pas eu d'enfants, il y aurait toujours vécu. Ce côté bohème de luxe, sans attaches, sans contraintes, lui seyait à ravir. Son besoin d'avoir un port d'attache sécurisant et son attirance viscérale à fuir le quotidien auront été les clés de sa personnalité durant toute sa vie. Mais, au contraire de certains, ce quotidien, il ne le fuyait pas seul. Il trimbalait avec lui toute sa tribu qui « l'emmerdait » certes, mais dont il ne pouvait se passer.

Nous avons donc connu le Provençal et le Grand Hôtel à Juan-les-Pins, l'hôtel du Golf à Valescure, le Carlton à Cannes, le Rhodania à Crans-sur-Sierre, l'Excelsior à Rome, sans parler des éternels Royal et Normandy à Deauville, et de l'hôtel de la Plage à Sainte-Anne-la-Palud. C'est sans snobisme aucun que j'écris ces lignes. D'aucuns vont dire : « Merde, il ne se faisait pas chier ! », mais j'estime que mon père l'avait mérité. Il avait travaillé pour ça et disait volontiers : « La vie est un long voyage, il vaut mieux la faire en première classe qu'en troisième[2]. »

2. Il avait connu les troisièmes classes dans le train et dans le métro.

Les départs en vacances depuis Paris pour aller dans l'Orne ou à la grande maison de Deauville étaient assez cocasses. Ma mère avait la responsabilité d'enfourner dans son break les valises, les sacs, les paquets, les deux chiens qui n'arrivaient pas à trouver leur place, le chat qui miaulait désespérément dans son panier, le mainate Bidule qui sifflait de rage dans son immense cage qu'on avait du mal à caser à l'arrière du véhicule, les serins, les poissons dans leur bocal à cornichons, les tortues d'eau et, enfin, la cuisinière du moment ! Mon père, qui n'emmenait dans sa vieille Mercedes que les trois enfants et Zelle, restait debout, son petit sac de toilette à la main, en fumant, à regarder sans broncher le va-et-vient du chargement. Et puis, soudain, l'air catastrophé, il apostrophait ma mère débordée : « Mais qu'est-ce que c'est que tout ça ?... Est-ce que tu as besoin à chaque fois d'emmener tout ce cirque... ? »

Il oubliait qu'en partant en Normandie pour deux mois, il fallait prévoir les cirés, les bottes et les maillots de bain, sans compter le smoking pour le gala des courses. Ma mère avait fini par ne plus lui répondre.

Le voyage Paris-Deauville n'était pas aussi rapide qu'aujourd'hui. L'autoroute n'existait pas. À 90 km/h de moyenne, vitesse qu'il ne dépassait jamais, on mettait quatre heures pour arriver quand on ne s'arrêtait pas en route dans un petit restaurant pour se remonter le moral. Il s'arrêtait plusieurs fois pour soulager des besoins naturels sur le bord de la route. Les voitures qui passaient ralentissaient et regardaient avec étonnement : « Oh !... Gabin ! » Il rentrait dans la voiture en marmonnant : « On ne peut même plus pisser tranquille. » Je me souviens d'un jour où, partant en Bretagne, nous avons pique-niqué sur le bord de la route, en été. Assis à son volant, il mangeait tranquillement son sandwich. La réaction des automobilistes fut la même : surpris que Gabin vive comme eux.

La conduite était un véritable stress et lui demandait une attention permanente. Nous avions interdiction de parler durant le trajet qui nous paraissait interminable. Comme il fumait, il ouvrait sa vitre et nous disait : « ... les gosses, vous me dites si vous avez froid. » On ne bronchait pas puis, tout d'un coup, frigorifiés, on lui demandait timidement : « Papa, tu peux relever la vitre, on a froid. » « Ah ! vous êtes emmerdants... ! » Mais il la relevait quand même.

Il avait un bon sens paysan – il était « Taureau », donc terrien – qui lui faisait évaluer les choses et les gens à leur juste valeur. Il se trompait rarement sur le bonhomme. Mais curieusement, dans son entourage, il a souvent donné sa confiance à des gens qui ne la méritaient pas et tenu des gens fidèles à l'écart. Gilles Grangier, avec qui il fit onze films en a fait les frais un certain temps, et il en a été profondément peiné. Gilles faisait partie de la famille et Audiard avait eu cette saillie à propos du tandem inséparable Gabin-Grangier : « C'est la compagnie Jean-Louis Gabin-Madeleine Grangier. »

Il n'avait pas d'amis à proprement parler. Je parlerais plutôt d'un clan, d'hommes dont il aimait la compagnie et qu'il estimait, dont les femmes elles aussi faisaient partie intégrante. Ce qui était plutôt surprenant vu son côté misogyne. Toutes ces femmes étaient intelligentes et bourrées d'humour : Jacques Bar, son producteur attitré et sa femme Christiane, Michel Audiard et Cricri, Jacques Colombier, décorateur de cinéma qui a décoré ce qu'il pouvait dans chacune de nos maisons et sa femme Loulou, et bien sûr Gilles Grangier avec Lucie. Bernard Blier, Paul Frankeur et, plus tard, Pascal Jardin et Pierre Granier-Deferre, feront également partie des intimes. Mais ses deux amis les plus proches ont été Fernandel, son vieux complice des débuts, avec qui il fonda la société de production La Gafer, et Lino Ventura qui, dès leur première rencontre, a été son alter ego. Cette amitié avec Lino fut indéfectible et continua même après sa disparition puisque Lino et sa femme Odette continuèrent à être présents auprès de nous.

Il était d'une grande fidélité avec ses metteurs en scène et ses techniciens. Il ne se sentait à l'aise qu'en terrain connu. « Tu sais, avec ces mecs-là, on se connaît, alors c'est plus facile pour travailler », avait-il dit à Robert Chazal lors d'une interview. Chacun avait d'ailleurs son surnom : Jean Renoir était « le Gros », Marcel Carné était « le Môme », Julien Duvivier était « Dudu », Henri Verneuil était « Achod [1] », Denys de La Patellière était « Pat », Jean Delannoy était « Bobo la Tête », Jean-Paul Le Chanois était « Lechaffuss [2] », et Michel Audiard était « le Petit Cycliste ».

Il avait une passion pour les grands acteurs, qu'ils soient français ou étrangers. Il disait toujours : « Moi, je ne peux être bon qu'en face des bons. » Il admirait les grands du théâtre, c'était pour lui une performance d'être sur scène tous les soirs : Jacques Charron, Robert Hirsch, Pierre Brasseur et bien sûr Louis Seigner, qu'il imposera à de nombreuses reprises dans ses films et qu'il accompagnera lors de ses adieux sur scène. « Je serais incapable de jouer du classique, du Molière ou de la tragédie. Je serais très mauvais, c'est pas mon truc... » Quant à l'opéra, il n'aimait pas du tout : « Tu comprends, le mec qui a un couteau dans le ventre et

1. Son nom était Achod Malakian.
2. Son nom était Jean-Paul Dreyfus.

qui met une plombe à “la glisser” en chantant, moi, j'y crois pas.» Il appréciait Anthony Quinn : «J'aimerais bien faire un film avec ce mec-là !» Louis de Funès était pour lui le plus grand «Auguste» qu'il ait connu. Il n'allait jamais au cinéma et découvrait certains acteurs à la télévision. Ce fut le cas pour Marie-José Nat qu'il aura comme partenaire dans *La Rue des Prairies*. Il avait été époustouflé par Bernard Noël dans les *Vidocq* et *La Mégère apprivoisée*, et adorait Michel Bouquet, Henri Virlojeux et François Chaumette. Un jour on l'a vu arriver tout remonté : «Je viens de voir un mec “de première” à la télé dans un film américain. Ça, c'est un acteur !» Nous lui avons demandé de qui il parlait. Il nous a répondu : «Paul Newman.» Nous avons éclaté de rire. «Mais papa, il y a longtemps qu'il est connu, Paul Newman, c'est maintenant que tu le découvres !»

Lorsque nous lui parlions de Sean Connery, alias James Bond, qui était la star du moment, il avait l'impression d'être dépassé. «C'est ça, je suis un vieux con. Je suis bon à jeter au panier.» Il nous faisait sa petite crise de jalousie.

Ses rapports avec les acteurs ont toujours été chaleureux. Pour tous il était l'«aîné», le «Vieux», comme l'avait surnommé tendrement Delon. Au moment de la préparation du film *La Folie des grandeurs*, il a reçu un coup de fil de Montand qui lui demandait son avis sur le rôle qu'on lui proposait. Yves hésitait à se lancer dans l'aventure. Mon père, pragmatique, lui posa la question :

– Combien on te donne ?

– Une somme assez conséquente[3]...

– Alors, dis oui tout de suite.

Pour lui, mon père a toujours eu quant à ses cachets une pudeur que je qualifierais de mal placée. Il n'osait jamais demander les salaires conséquents qui correspondaient à sa valeur au *box-office*. Il pensait toujours aux «mecs» qui avaient eu moins de chance que lui et qui «ramaient» dans le métier. À l'époque, les

---

3. Somme qui représentait le cachet d'une énorme star.

magazines n'étalaient pourtant pas à la une les cachets des artistes et des sportifs, comme aujourd'hui. Il avait été ouvrier d'usine et je l'ai parfois entendu dire : « Je suis déjà assez veinard de bien gagner ma croûte. Y a des mecs qui gagnent le SMIC. » Cette théorie rendait fou son agent, André Bernheim, qui lui a répété maintes fois : « Mais Jean, tu es fou de te minimiser comme tu le fais. Tu vaux ce que tu vaux, c'est-à-dire "ça" ! »

Comme il n'aimait pas parler d'argent et encore moins discuter ses contrats, tant que Bernheim a été son agent, il a obtenu ce que Bernheim et les producteurs estimaient qu'il valait. Lorsque cette association s'est arrêtée, les cachets ont diminué, ce qui rendait ma mère hystérique. C'est ainsi qu'à la fin des années soixante et au début des années soixante-dix, certains comédiens, de talent certes, étaient payés le double de Gabin. Il avait peut-être peur de ne plus travailler s'il demandait des cachets importants. Je l'ai vu dans ses dernières années attendre la sonnerie du téléphone en répétant à ma mère : « Tu vois, ça sonne moins qu'avant, c'est peut-être fini... » Cette peur panique constante, inhérente à tout comédien, prend avec l'âge des proportions dramatiques qui signifient : « Je suis foutu ! » La cote de Gabin ne s'est pourtant jamais démentie. Pour preuve, Sergio Leone qu'il avait rencontré à Rome lors du tournage de *L'Année sainte* et qui, en 1976, avait écrit pour lui un rôle sur mesure dans *Il était une fois l'Amérique*. Malheureusement, il est décédé la même année.

Il tenait toutes ses partenaires féminines en estime mais son admiration allait à Brigitte Bardot : « C'est la plus belle gonzesse que j'aie jamais vue ! » Il ajoutait tout de même, amusé : « Par contre, c'est la seule gonzesse que j'ai vue arriver sur le plateau avec de l'astrakan[4] entre les doigts de pied. » Ses expressions étaient toujours imagées. Quand une femme avait les jambes trop maigres, il disait qu'elle était « montée sur barreaux de cage de serin ». Pour une femme pas très gâtée par la nature : « Celle-là,

4. Agneau noir frisé d'Asie.

elle a intérêt à faire des études. » Quand il voyait arriver une voiture de sport très basse et très étroite d'habitacle : « Merde, dis donc, pour rentrer là-dedans, il faut un chausse-pied et un tube de vaseline... » Et quand il avait prononcé son expression favorite pour parler de quelqu'un de négligeable : « C'est un hotu[5] », il avait alors tout dit.

Au premier abord, le personnage n'était pas spécialement accueillant ni chaleureux. Il fallait le violer pour lui présenter des gens qu'il trouvait par la suite agréables. J'ai longtemps été privée d'inviter des amies à la maison. Ça le dérangeait. Puis petit à petit quelques privilégiées ont eu le droit de venir déjeuner, puis de dormir et parfois même de venir passer quelques jours à la campagne. Il les accueillait alors chaleureusement et leur serrait la main en leur disant : « Bonjour, ma belle. » C'est une formule qui les a toutes marquées puisqu'elles m'en parlent encore aujourd'hui. Il aimait beaucoup recevoir à déjeuner à la campagne ou à Deauville les copains de son clan avec qui il refaisait le monde. Dans ces moments-là, les hommes politiques passaient à la moulinette. Il les détestait : « Ce sont les plus mauvais acteurs qui existent. Comment veux-tu qu'on croie ce qu'ils disent, ça sonne faux. » Il est vrai que sa morale était aux antipodes des pratiques du monde politique.

Comme son ami Jacques Prévert, il était contre les institutions, l'Église, l'armée, et surtout contre la guerre. Sur ce sujet, il était péremptoire : « La guerre, une belle connerie », disait-il. Il en avait connu deux. *La Marseillaise* était pour lui un chant sanguinaire « à la con », où il n'était question que de vengeance et non de paix. Il disait parfois : « Je suis un vieux libertaire, un anar bourgeois » ; ou : « Je suis un homme de gauche à qui des gens de gauche ont fini par donner des idées de droite. » Il prenait d'ailleurs un malin

5. Voir le dictionnaire !

plaisir à pousser la provocation en prenant systématiquement le contre-pied des idées de ses interlocuteurs, surtout ceux qui ne le connaissaient pas bien. C'était un jeu. Et nous, nous savions qu'il ne fallait pas y entrer sous peine de s'y perdre. Personne ne pouvait avoir le dernier mot.

Au cours de ces déjeuners « homériques », si Audiard s'y mettait, les mots incisifs leur venaient avec une telle facilité qu'ils faisaient tous deux une véritable partie de ping-pong. Ces repas précédés d'apéritifs duraient des heures et, comme ils étaient bien arrosés, l'ambiance était chaude. Mon père sortait parfois de table en chantant de vieux airs et en esquissant quelques pas de danse. Quand il voulait s'en donner la peine, il était encore souple.

Recevoir du monde pour une ou plusieurs nuits l'emmerdait. À la campagne, dans les chambres d'amis, il avait fait installer des lits d'une place d'un mètre vingt, ce qui était d'un effet dissuasif certain. Je n'ai souvenir que de Gilles Grangier et sa femme ayant passé un week-end à La Moncorgerie, mais je ne pense pas qu'ils y aient passé une nuit inoubliable !

Mon père était un pessimiste-né. Non seulement il n'était pas facile à vivre au quotidien mais il posait toujours « sur le tableau blanc du bonheur » l'ombre noire d'un malheur imminent. Si tout allait bien, cela lui paraissait tellement anormal qu'il trouvait le moyen d'inventer « LE » problème qui allait le faire vibrer la journée durant. Ma mère disait alors : « Qu'est-ce que ton père va encore inventer aujourd'hui pour nous gâcher la journée ? » Parfois, il ne se passait rien. Il était alors dans un bon jour et on en était surpris...

Le pire était quand il voulait se faire plaindre pour qu'on s'occupe de lui. Il traversait alors les pièces, silencieux, les pieds lourds, en traînant la patte, les épaules voûtées, un bras replié derrière le dos, portant sur lui toute la misère du monde. Ma mère, qui ne supportait pas ce manège, me disait : « Ton père fait encore sa "petite main"... » Elle haussait les épaules, levait les yeux au ciel et tournait les talons. Comme personne ne prêtait attention à lui, un quart d'heure plus tard il était frais et dispos et tout redevenait normal jusqu'à la séance suivante.

Il aimait quelquefois jouer avec nous. À la pétanque, où il était assez fort et parce qu'il nous battait, ou à certains jeux de cartes où il trichait car il détestait perdre. Il n'aimait pas le hasard. Au Nain jaune, il cachait les as pour ne pas avoir à les payer. Ma mère seule s'en apercevait à son air naïf inhabituel et à son petit sourire en coin, les yeux plissés. Elle se fâchait : « Jean, tu triches, c'est honteux ! » Il niait l'évidence en rigolant et, en se penchant sous la table, on trouvait les as cachés sur ses genoux. Ça l'amusait de nous avoir bernés. Si l'un d'entre nous le contrariait ou lui tenait tête, il finissait toujours son propos par un évasif : « Vous verrez quand je vais la glisser [6]... » Il faisait alors planer sur nous une épée de Damoclès afin de nous faire regretter nos paroles jusqu'à ce que nous lui disions : « Oh ! non, pauvre papa, ne la glisse pas, on serait trop tristes ! » Il était malin pour ça.

Le pessimisme et la méfiance l'ont fait passer à côté de beaucoup de choses et de certaines affaires. Dans les années soixante, Jacques Boitard le poussait à investir à Deauville. « Monsieur Gabin, écoutez-moi, achetez des terrains, vous verrez, ce sera un bon placement. Avec l'autoroute, Deauville va exploser et prendre de la valeur. » Sceptique, il répondait : « Mais Boitard, vous rêvez. Vous ne l'aurez jamais votre autoroute ! » C'était ne pas prendre en compte l'amitié liant Michel d'Ornano, maire de Deauville, à Valéry Giscard d'Estaing, et qui allait porter ses fruits rapidement. Deauville allait vite devenir le 21e arrondissement de Paris.

En 1964, nous avons délaissé le boulevard Charcot pendant un an pour repartir habiter Deauville. Je ne me souviens plus du motif, il n'y en avait peut-être pas, et nous ne nous posions même plus la question. Valérie et moi avons été inscrites au pensionnat Marie-Joseph de Trouville, sous la houlette de sœur Étienne et de

6. La glisser : mourir.

sœur Immaculée Conception. Tout un programme. Valérie, indépendante, avait voulu être pensionnaire, mais elle vivait comme elle l'entendait et se fichait des interdits. Très vite, ma mère fut appelée parce qu'elle apportait des saucissons dans sa chambre, ce qui était strictement interdit, surtout au moment du carême. Il a fallu toute la diplomatie maternelle pour éviter le renvoi. Elle avait eu également l'audace de dire à la supérieure qu'on nous avait mis dans cette institution parce qu'il n'y avait rien d'autre de valable dans la région. Ce qui était un peu vrai. Nous portions des blouses « bises » et enfilions des chaussons avant de marcher sur le parquet ciré des classes. À la cantine, à la fin du repas, une bassine d'eau chaude passait sur chaque table afin que nous lavions nos couverts dans une eau saumâtre avant de les essuyer sur nos serviettes.

C'est à Marie-Joseph que j'ai rencontré mes amies, Laurence et Aline. Pendant cette année deauvillaise, mon père fut absent plus de quatre mois pour tourner *L'Âge ingrat* à Marseille et *Le Tonnerre de Dieu* à Nantes. Pour *Du Rififi à Paname*, nous avons retrouvé nos meubles du boulevard Charcot, à peine poussiéreux ! Ma sœur et moi sommes reparties toutes deux pensionnaires à Marymount. On connaissait le chemin et on a vite repris nos habitudes...

J'ai toujours beaucoup lu, et très tôt. Comme nous devions éteindre les chambres à 21 h 30, je m'étais procuré une lampe de poche et je lisais jusque tard dans la nuit. Zelle, en colère, m'a surprise un bon nombre de fois mais je persistais. J'avalais tout Dumas, les biographies historiques, les philosophes du XVIIIe siècle, puis Stendhal, Chateaubriand, Hugo, Balzac et surtout Zola qui fut un choc, au même titre que Choderlos de Laclos et ses *Liaisons dangereuses*. Mon regard sur la vie évoluait et je découvrais par le biais de la littérature que le monde n'était pas celui qu'on m'avait enseigné. *La Peste*, de Camus, acheva de me convaincre. J'ai voulu en parler avec mon père et j'ai été surprise de constater qu'il ne connaissait pas ce livre. Il lisait peu. Deux livres cependant l'avaient marqué. *Le Petit Chose*, d'Alphonse Daudet, qu'il avait lu très jeune en pleurant. J'avais beaucoup de mal à imaginer mon père pleurer. J'ai donc lu ce livre et j'ai compris que quelque part ce *Petit Chose*, c'était lui dans son enfance et son adolescence. La réminiscence d'une période de sa vie plutôt dure et triste le bouleversait. De même que je l'ai vu écouter « en chiffon » *Mon Vieux*, de Daniel Guichard. Cette chanson remuait sûrement des sentiments enfouis. Le second livre dont il parlait souvent était *Voyage au bout de la nuit*, de Louis-Ferdinand Céline. Il a été plusieurs fois question avec Michel Audiard de l'adapter à l'écran mais ce projet n'a jamais vu le jour.

Les conflits entre nous ont commencé à cette époque. J'essayais de lui faire admettre mon point de vue mais nos approches des choses étaient diamétralement opposées. Normal entre un homme de 60 ans et une adolescente. Nos caractères étaient semblables, les discussions à table devenaient houleuses et c'est souvent que je suis sortie de la pièce en claquant la porte. Je vivais dans un monde irréaliste, chimérique, en dehors du temps, ce qui, je l'avoue, a toujours été mon grand défaut. Il me répétait : « Ma pauvre fille, tu rêves, tu planes, tu n'arriveras jamais à rien dans la vie... » Il se prenait la tête à deux mains et, hors de lui, me lançait : « Mais où tu vas comme ça ? Reviens sur terre... » À 17 ans, à l'âge où l'on a besoin d'écoute et d'un peu d'indulgence, j'ai mal supporté notre antagonisme permanent. J'ai échoué dans un grand trou noir, suivi d'une grave dépression dont le médecin n'a pu me sortir malgré la montagne de médicaments qu'on a posée devant moi. Ces bouleversements psychologiques m'ont fragilisée à l'extrême et mise dans un état pathologique où le morbide me côtoyait quotidiennement. La perte de 10 kilos en un mois sans rien avaler et des idées suicidaires ont paniqué mes parents. D'ailleurs, s'ils ne s'étaient pas mis affectueusement à mon écoute, je ne serais probablement plus là aujourd'hui. J'ai quitté Marymount pour passer un mois de vacances à Vichy, avec ma mère. Valérie a suivi le mouvement en pleine année scolaire. En rentrant, pour aller en douceur, on m'a inscrite dans un petit cours privé où on ne pouvait pas dire que les études étaient poussées à l'extrême. L'établissement comptait à peine une cinquantaine d'élèves qui faisaient tourner les professeurs en bourriques. Valérie et Mathias suivirent, pour faciliter l'intendance. C'est là que, petit à petit, je me suis remise d'un mal-être existentiel dont je garderai les séquelles jusqu'à mon entrée dans la vie active, à l'âge de 19 ans. C'est là aussi que j'ai rencontré Catherine et sa sœur Anne. Elles avaient des parents très pratiquants et, lorsque les miens allaient déjeuner chez eux, mon père, debout à sa place, écoutait sans broncher le bénédicité.

J'avais 13 ans lorsque j'ai rencontré pour la première fois Alain Delon. Il venait de terminer *Mélodie en sous-sol* et était venu rendre visite à mon père sur le plateau de *Maigret voit rouge.* J'étais cachée, assise sur un lit, dans un coin du décor pour ne pas le gêner et ne pas être « dans son regard ». Je voyais Alain discuter avec lui et Grangier au milieu de l'agitation des techniciens. Jusqu'ici je ne l'avais vu qu'en photo dans les journaux et mon cœur de 13 ans avait un peu chaviré pour cet acteur beau comme un dieu. Mon père lui ayant fait un signe dans ma direction, je l'ai vu s'approcher, de cette démarche souple qui lui est propre, et il s'est assis sur le lit à côté de moi. Mon cœur a battu à tout rompre. J'étais paralysée. Il m'a souri. Et quel sourire ! « Il paraît que tu montes à cheval. Tu sais, moi aussi je monte, et j'ai même un cheval à moi. » Il avait cassé la glace et trouvé les mots qui me sont allés droit au cœur. Nous avons discuté un bref instant et, lorsqu'il s'est levé et m'a fait un signe de la main en souriant, j'ai regretté à cet instant de ne pas avoir quelques années de plus...

La deuxième rencontre fut à Rome pour *Le Clan des Siciliens.* Avec mon père, nous étions descendus à l'hôtel Excelsior, Via Venetto. Le soir même de notre arrivée, Alain est venu nous souhaiter la bienvenue. J'avais alors 19 ans et ma façon de le regarder n'était plus la même. Il était à l'apogée de sa gloire malgré l'affaire Markovic qui l'avait mis à la une des journaux à scandales. Il est arrivé dans le hall de cette même démarche féline qui m'avait frappée la première fois, des lunettes noires sur les yeux, aux aguets, observant tout et tout le monde autour de lui comme un tigre traqué. Le charisme qu'il dégageait était époustouflant. Quelle femme aurait pu lui résister ? Il était du genre à donner des complexes à celles dont le physique n'était pas parfait. D'ailleurs, je me suis reculée pour échapper à son regard. Mais il m'avait vue et il est venu vers moi en souriant. Mes jambes se dérobaient. J'aurais voulu me cacher, entrer sous terre. Il m'a lancé un « Bonjour, ça va ? », puis s'est éloigné pour rejoindre mon père et Lino. La honte aux joues, je me suis dit qu'il avait dû penser : « Elle n'est pas terrible, la fille de Jean ! » Le jeu de la séduction n'a jamais été chez moi une faculté et j'ai longtemps cru qu'aucun homme ne porterait un jour son regard sur moi. En tout cas certainement pas Delon...

Après ma dépression, mon père a décidé de m'offrir le cheval tant attendu. Il l'a acheté à un maquignon, marchand de bestiaux de Falaise, bien connu, Alfred Lefebvre. Ce cheval s'appelait Quatre Quarts. Il était tellement grand qu'il me fallait un billot pour attraper l'étrier. Il fut décidé que, durant l'année, il serait en pension à Deauville et que je le monterais en vacances. Ce cheval était brave comme tout mais il avait un défaut que je n'avais pas remarqué ou qui avait été caché lorsqu'on me l'a proposé, il avait des mollettes [1]. J'ai eu beau lui mettre de la terre sur les jambes ou les lui badigeonner à l'antiphlogistine, les mollettes ressortaient en permanence. Je n'ai jamais pu galoper avec lui et me suis contentée de grandes balades au pas dans les vagues. Il a fallu se rendre à l'évidence : le cheval n'était pas sain et net. Mon père a voulu le rendre mais, comme tout maquignon, Lefebvre a fait des difficultés pour rembourser la coquette somme de 20 000 francs de

1. Mollettes : tares molles aux extrémités des membres du cheval.

l'époque. Il a cependant accepté de l'échanger contre des bovins ! Mon père n'était décidément pas un homme d'affaires et, moi, je me retrouvais sans cheval...

L'avènement des yé-yé a provoqué chez lui une réaction d'effarement proche de la terreur. Maurice Chevalier et Tino Rossi étaient encore bien présents dans sa tête. « On est en pleine décadence... Ou les mecs gueulent en se trémoussant, ou ils n'ont pas de voix. »

Il avait baptisé les guitares électriques « guitares pourries » et il appelait gentiment Françoise Hardy « la chanteuse confidentielle ». Il aimait cependant bien Claude François dont il disait : « Ce mec-là, tu comprends, il est toujours impeccable et il a des bonnes goualantes. » Guichard, Adamo, Lama, Sardou et Escudero avaient ses faveurs. Antoine l'amusait avec ses *Élucubrations*. Il avait fait Centrale et avait bien raison de prendre un peu de pognon sur la connerie des gens. Ma mère lui ramenait souvent des 45 tours de Montand, Bécaud, Piaf, Aznavour, Philippe Clay ou Colette Renard et je comprends que l'arrivée des Beatles et de Johnny Hallyday l'ait quelque peu perturbé. Une anecdote l'avait cependant amusé et surpris agréablement. Arrêté à un feu rouge, la vitre baissée, la casquette bien vissée sur les yeux et les lunettes fumées pour ne pas qu'on le reconnaisse, il sent une moto qui s'arrête à sa hauteur. Le motard se penche alors vers lui et, d'une manière affectueuse, lui lance un : « Salut Jean, ça va ? » Mon père se tourne et reconnaît Johnny Hallyday. Trouvant ce salut inattendu fort sympathique, il lui répond de la même manière : « Ben, ça va Johnny, et toi ?... » Le feu est passé au vert et chacun est reparti, l'un avec sa moto sur les chapeaux de roues et l'autre un peu plus doucement dans sa vieille Mercedes.

Le jour de mes 18 ans fut un souvenir inoubliable. Je nourrissais alors une passion pour la Russie et tout ce qui s'y rattachait littérairement et artistiquement. J'avais même appris le russe, que j'ai pratiqué quelque temps. Selon mon souhait, mes parents m'ont offert une soirée dans un cabaret russe Le Novy, très en vogue alors. Ils m'ont fait la surprise d'inviter tous mes cousins. Nous étions dix à table et les verres de champagne dansaient au rythme des balalaïkas. Habillée d'une chemise blanche à jabot de dentelle sur un pantalon de velours noir, je devais avoir l'air d'une très naïve jeune fille. Nous avons bu à mon entrée dans le monde et jeté les verres par-dessus l'épaule. Les plats délicats se sont succédé pour terminer sur les impressionnants *chachliks* en feu que les serveurs tenaient à bout de bras. Les chansons russes chavirent les cœurs les plus durs et je nageais dans un tourbillon de bonheur. Mon père, d'une humeur joyeuse, grisé par la vodka, m'a fait danser la valse au son des violons, spécialité dans laquelle il était imbattable. C'était la première fois que je me trouvais entre ses bras protecteurs et le terme de « laisse aller, c'est une valse » prit alors pour moi toute sa dimension. La fête s'est terminée tard dans la nuit ou plutôt de bon matin, et mon père a distribué force pourboires au personnel qui formait une haie d'honneur à sa sortie. Le sourire ne l'avait pas quitté de la soirée.

En dehors des périodes de tournage, il passait la majeure partie de son temps devant la télévision. Il adorait particulièrement les sports qu'il avait pratiqués, le football, le cyclisme et la boxe. Il était incollable sur les champions et les événements s'y rapportant. Il ne ratait pas une étape du Tour de France à la télévision et, depuis lors, lorsque par hasard je tombe sur une retransmission télévisée de cette épreuve, mes souvenirs me ramènent avec nostalgie à La Moncorgerie, où nous passions tous les mois de juillet. Avec Audiard et André Pousse qui avaient pratiqué le vélo, il était intarissable et lorsqu'il avait prononcé avec enthousiasme son expression favorite pour vanter quelque chose de parfait – « C'est du BSA extra-piste[2] » –, il avait tout dit.

2. BSA extra-piste : marque de prestige qui était la Rolls de l'époque pour la mécanique du vélo.

Il assistait souvent aux grands combats de boxe, et Michel Creton m'a raconté une anecdote à ce sujet : « Lors d'un combat important où la salle était chauffée à son comble, Gabin était assis non loin du ring. Soudain, il s'est levé pour gagner la sortie, a remonté l'allée de son pas lent et chaloupé. Quelques spectateurs ont commencé à scander son nom au rythme de sa démarche, très vite suivis par la salle entière qui s'est levée : "Ga...bin, Ga...bin, Ga...bin !" La rumeur est montée et s'est amplifiée. Elle l'a accompagné ainsi jusqu'à sa sortie. C'était terriblement impressionnant et ça m'a donné la chair de poule. »

Il avait tout de suite adopté Michel Drucker, qui était alors journaliste sportif, et Thierry Roland, qu'il appelait affectueusement « le Mérinos », rapport à ses cheveux tout frisés. Il ne se doutait pas que tous deux deviendraient des fidèles de notre entourage. Il avait un *a priori* tout « gabinesque » sur les coureurs automobiles et les joueurs de tennis qu'il considérait, au même titre que les joueurs de polo, comme des play-boys.

C'était un fidèle des bonnes dramatiques de Bluwal, Barma ou Santelli, de *Cinq colonnes à la une* et des séries comme *Belphégor*, *Rocambole* ou *Les Incorruptibles*, qu'il regardait avec nous.

C'est d'ailleurs dans les années 1966 et 1967 qu'il a collaboré avec Pierre Vernier, alias Rocambole, pour *Le Jardinier d'Argenteuil*, et surtout avec Robert Stack pour *Le Soleil des voyous*. Nous avons même eu le droit de venir sur le plateau pour être présentés à Elliott Ness. « Tu vois, dit-il en américain au célèbre détective, tu leur fais de l'effet. Pas moi ! » Il avait fait la même réflexion à Gert Froebe, alias Goldfinger, lors du tournage du *Rififi à Paname*. Je pense qu'il a toujours voulu que nous ayons une bonne image de lui dans ses films et il avait une certaine pudeur vis-à-vis de cela. Ses anciens films, ceux d'avant-guerre, passaient rarement à la télévision. Nous étions pourtant un jour tous réunis devant *La Bandera* de Julien Duvivier, film très démodé où il tient le rôle d'un légionnaire. Soudain, n'y tenant plus, il s'est levé et s'est planté honteux, les bras en croix, devant le poste, nous cachant l'écran : « Dites-vous bien que votre père a fait autre chose que ça dans sa vie ! »

Mon vague à l'âme existentiel allait beaucoup mieux. L'année scolaire 1967-1968 nous vit réintégrer le cours Charles-de-Foucault, mais pas pour longtemps. Les événements de Mai 68 ébranlèrent sérieusement le moral paternel et sa décision fut prise le jour où des manifestants mirent le feu à la Bourse de Paris. « Merde, ces cons-là vont nous faire sauter... ! » Ses gosses étaient menacés. Il refit les malles et les valises, remit chiens, chat, oiseaux, poissons et cuisinière dans le break, et la « caravane » se replia sur Deauville où le ciel était plus clément, malgré la corne de brume. Nous avions à nouveau quitté l'école en pleine année scolaire pour nous retrouver à Trouville chez sœur Étienne et sœur Marie, qui nous ont accueillies à bras ouverts ! J'y ai terminé l'année tant bien que mal. Plutôt mal que bien, à vrai dire. J'ai fait une très mauvaise terminale philosophie, le contraire eût étonné.

À la fin du deuxième trimestre, j'ai arrêté les études et on m'envoya deux mois dans l'île de Wight pour apprendre l'anglais dans une famille. Cette décision peut paraître saugrenue car le rassemblement hippie venait d'y avoir lieu. À presque 20 ans, moi qui n'avais que la permission de minuit, et encore, avec des amis choisis par mes parents, on m'envoyait dans un endroit où le primat de la liberté individuelle avait régné et où l'odeur du cannabis planait encore dans l'air. J'avais décidé de passer ma dernière soirée en France avec un petit ami platonique que je voyais en cachette. Alain était un superbe garçon de 1,90 m, italien d'origine, aventurier, qui faisait tous les métiers et qui s'était engagé pour la saison comme cuisinier à la brasserie Miocque. Jamais mon père n'avait osé me parler de cette fréquentation dont il avait eu vent et qui le contrariait. Je savais par ma mère qu'il nous avait surpris nous tenant par la taille.

Cette nuit-là, je suis rentrée à 4 heures du matin. Il m'attendait en pyjama, fou d'inquiétude. Le ton est vite monté, je lui ai tenu tête en lui disant qu'à 19 ans j'étais maître de ma vie privée.

« Tu es encore sous mon toit, c'est moi qui décide ! » Je suis montée me coucher et j'ai embarqué le lendemain pour Cowes sans que nous nous soyons reparlé. J'en suis revenue deux mois plus tard avec quatre kilos supplémentaires et sans vraiment parler l'anglais. J'avais trouvé sur place une colonie de Français avec qui je passais le plus clair de mon temps. Entre-temps, nous avions changé de président : Georges Pompidou tenait maintenant entre ses mains le destin de la France.

En rentrant de Cowes, il a été question de mon avenir :

– J'aimerais m'occuper de chevaux. Je voudrais être *lad*[3].

La réponse de mon père, catégorique, ne se fit pas attendre :

– *Lad, lad*... c'est pas un métier pour une femme, ça. Trouve autre chose.

Il avait sûrement raison. À l'époque, le milieu était encore très misogyne, il n'y avait ni femmes jockeys ni femmes entraîneurs. Je cherchais désespérément, mais rien d'autre ne me plaisait. C'est alors qu'Henri Verneuil, qui venait de terminer *Le Clan des Siciliens*, est venu passer une journée à Deauville. Nous avons discuté ensemble et il a eu une idée formidable. J'avais fort peu fréquenté les plateaux de cinéma et je n'avais d'eux, comme image, qu'un halo de lumière ciblé sur des comédiens entourés de beaucoup d'agitation. Je n'en connaissais pas les métiers. Henri m'a alors dit : « Il y a deux métiers passionnants pour une femme, scripte ou monteuse. Tu gagnes bien ta vie et tu es indépendante. La monteuse est enfermée dans une salle, en revanche la scripte est sur le plateau et suit le tournage partout. C'est le bras droit du metteur en scène, et cela demande méthode, concision et organisation. Il faut beaucoup de mémoire et d'attention. » La mémoire, j'en avais ; l'attention, mon père a été plus sceptique : « Elle est tout le temps dans la lune, et puis ça ne me plaît pas beaucoup qu'elle fasse ce métier, tu connais la musique... », dit-il à Henri. Il faisait allusion à l'ambiance légère et décontractée qui pouvait régner sur un tournage où, comme le dit avec humour Jean-Claude Brialy : « Qui est avec qui ?... » Henri s'est tourné vers moi : « Sur un

3. *Lad :* « palefrenier » en anglais.

plateau, tu travailles avec quarante personnes dont la majorité sont des hommes. Si tu veux être prise au sérieux, en tout cas à tes débuts, garde la tête froide et n'écoute pas le premier venu. » En gros, cela voulait dire : ne couche pas d'emblée !

Assez excitée par cette nouvelle voie qui s'ouvrait à moi, j'ai décidé de faire des stages pour devenir scripte. C'était un challenge et cela me plaisait. Mon père était persuadé que je n'étais pas faite pour ce métier « pointu », j'allais lui prouver le contraire. À l'heure où j'écris ces lignes, Henri Verneuil vient de s'éteindre. Le hasard de la vie veut que j'évoque son souvenir alors que je sors de l'église arménienne de la rue Jean-Goujon où ses amis l'ont accompagné pour un dernier adieu. Henri m'a fait entrer au laboratoire LTC [4], dirigé par Guy Seitz. J'ai pris deux bus tous les matins pour arriver à 8 heures, j'ai pointé comme tous les employés et n'ai touché aucun salaire. À ce rythme-là, mon père était persuadé que je capitulerais vite. Mon indépendance toute nouvelle me faisait découvrir de nouveaux horizons, et j'ai été au terme des trois mois d'apprentissage de tous les traitements de la pellicule. Les stagiaires synchronisaient [5] les *rushes* [6] et les premiers qu'on a mis entre mes mains ont été ceux du *Bal du comte d'Orgel*, avec Jean-Claude Brialy. Comment aurais-je pu prévoir en voyant défiler cette pellicule que Jean-Claude deviendrait pour moi plus qu'un ami, un grand frère et le parrain de mon fils... On visionnait les films qui sortaient en salle, *Butch Cassidy et le Kid*, *Le Clan des Siciliens*, et *L'Armée des ombres* de Jean-Pierre Melville. J'ai tout de suite été fascinée par sa mise en scène rigoriste et dépouillée. Mon rêve était de travailler un jour avec lui, mais Melville devait sans aucun doute s'entourer des meilleurs techniciens du métier et je n'avais aucune chance. On visionnait également les films porno-

4. LTC : Laboratoire de tirage cinématographique.

5. Synchronisation : mettre la bande image en corrélation avec celle du son en partant de la fermeture du clap.

6. *Rushes :* bobine de pellicule représentant une journée de tournage et projetée chaque soir devant l'équipe du film pour en vérifier la qualité.

graphiques sur lesquels étaient pratiquées des coupures de scènes jugées un peu trop *« hard »*.

Le soir, à la maison, je racontais tout ce que j'avais vu dans la journée. Mon père écoutait sans broncher. Parmi les cinq stagiaires très complices se trouvait Raphaëlle Billetdoux, la fille du dramaturge qui suivra bientôt la même voie que son père. Avec son petit chignon relevé et ses jupes longues et floues sur de grandes bottes, elle était d'une incroyable douceur. Le visionnage de films X lui faisait monter le rouge aux joues et lorsqu'elle sortait de la salle de projection elle me disait, un peu gênée : « C'est spécial.. » Nous commencions bien notre éducation cinématographique.

J'ai quitté LTC pour enchaîner un stage de montage sur *La Horse*, de Pierre Granier-Deferre. Je venais de fêter mes 20 ans, Pierre en avait 42. Cette rencontre allait marquer le début d'une tendre affection et d'une indélébile complicité qui nous lie encore aujourd'hui. Avec sa voix douce, Pierre était quelqu'un de pudique et de tendre, très sensible au charme des jolies femmes dont il pouvait très vite tomber amoureux. Mais sa timidité et sa pudeur dans ce registre le laissaient plus souvent spectateur hésitant, doutant de lui-même, que fonceur impénitent. Cela le rendait terriblement attachant et, malgré mon jeune âge et mon inexpérience, je ressentis vite à son égard un sentiment protecteur que je ne soupçonnais pas en moi.

Durant ces trois mois de salle de montage, des liens se sont créés entre nous. Pierre m'était devenu indispensable. J'éprouvais un certain trouble à recevoir ses confidences et j'osais même timidement lui glisser quelques conseils qu'il accepta, à mon grand étonnement. J'étais très loin des rapports de force avec mon père

Nous déjeunions tous les jours au restaurant des Studios de Billancourt où Adrienne veillait jalousement sur ses illustres clients. Pierre était tombé amoureux d'Isabel, une belle jeune femme brune aux longs cheveux, douce et discrète, qui venait se restaurer seule au bar avant de repartir tout aussi discrètement vers sa salle de montage. Il l'auréolait d'un mystère et, chaque fois qu'elle entrait, restait fasciné : « Qu'est-ce qu'elle est belle !... Tu as remarqué cette douceur dans le visage... Je crois que je suis amoureux ! » Il était marié à Suzan Hampshire, la comédienne anglaise rencontrée sur le tournage de *Paris au mois d'août*, et avait un fils. Il se tournait alors vers moi, souriant mais angoissé : « Ah ! Moncorgé, je suis pas dans la merde ! Dis-moi ce qu'il faut faire... » Je n'aurais jamais osé lui faire la même réflexion que mon père à propos de ses différentes unions qui devaient quand même poser problème. Sa situation n'était pas évidente et demandait certainement beaucoup de tact et de délicatesse. Pierre en avait à revendre. Avait-il senti qu'Isabel serait LA femme de sa vie et sa dernière compagne, qu'il serait le plus heureux des hommes jusqu'à ce que la mort la lui vole ?...

Pierre Granier-Deferre et Pascal Jardin, scénariste-dialoguiste-écrivain, étaient inséparables depuis que mon père les avait présentés l'un à l'autre. Et pourtant l'approche avait été difficile. Rien ne prédisposait ces deux hommes à devenir les meilleurs amis du monde. Pierre ne voulait en aucun cas rencontrer un homme qui avait fait dire à Gabin, s'adressant à sa femme dans *Le Tonnerre de Dieu* : « ... ton ventre, c'est un cimetière ! » Mais à force de persuasion, Gabin est arrivé à ses fins, à tel point que ce tandem a donné le jour à des films inoubliables comme *La Horse*, *La Veuve Couderc*, *Le Chat* ou *Le Train*. Cette collaboration n'a pris fin qu'avec la disparition de Pascal, en 1980.

Les deux larrons avaient décidé de me chaperonner dans le monde de la nuit. Était-ce une provocation vis-à-vis d'un père un peu trop sévère à leur goût ou le simple plaisir de faire l'éducation d'une jeune fille sage qui ne demandait qu'à s'émanciper ? Peut-être les deux à la fois. Ils avaient un jour assisté à la maison à une colère de mon père qui, me voyant arriver en minijupe et en cuissardes, m'avait envoyée illico me changer. Pierre m'a avoué plus tard que Pascal et lui m'avaient pourtant trouvée « mignonne », habillée de la sorte. Je les comprends mais, avec le recul, j'ai également compris mon père.

Ainsi accompagnée, j'ai découvert Castel, l'Élysée-Matignon, Le Privé, et la vie sous un tout autre jour. Curieusement mon père laissait faire, il avait confiance. C'était sans compter sur le charme de Pascal avec qui j'ai vécu une tendre et douce romance teintée de folie. J'admirais cet homme brillant, drôle, bourré d'humour et de talent, vivant dans un tourbillon constant constellé de femmes qui l'ont toutes aimé. Je me laissais porter par ses paroles et par son esprit. Ingérable à souhait, il brûlait la vie par les deux bouts mais restait terriblement amoureux de son épouse qu'il tentait de reconquérir perpétuellement en fuyant le quotidien. Infidèle à lui-même et à toutes les femmes mais fidèle à ses fantasmes. Un jour, il m'a dit simplement : « Je ne suis pas un homme pour toi, je suis un homme pour les filles perdues. Tu es très jeune, tu as toute la vie pour toi et je ne peux rien te donner. » Ce fut ma première blessure sentimentale.

J'ai fait la connaissance à la même époque de Marc Porel en qui chacun voyait le successeur d'Alain Delon au cinéma. Marc et Gabin s'étaient connus sur *Le Clan des Siciliens* et ce dernier l'avait redemandé pour *La Horse*, où il tenait le rôle de son petit-fils. Mon père l'adorait pour ses talents de comédien, sa belle gueule et leurs discussions sans fin sur la boxe que Marc pratiquait en amateur. Il a été quelquefois le voir combattre à la salle Wagram pour le retrouver ensuite à la brasserie Lorraine, place des Ternes. Marc était un garçon adorable et il ne se passait pas une semaine sans qu'il m'appelle au téléphone. Il arrivait toujours à me trouver de la figuration sur un film s'il me savait financièrement gênée. Nous nous sommes suivis longtemps. La dernière fois que je l'ai vu c'était en 1976, je tournais à Rome avec Claude Pinoteau. Le concierge de l'hôtel m'a appelée dans ma chambre : « Madame, il y a quelqu'un en bas qui désire vous voir mais il n'a pas l'air très bien. » En descendant dans le hall, je l'ai trouvé allongé sur un canapé. Il habitait Rome et, me sachant de passage, il s'était traîné jusqu'à l'hôtel pour me voir. Diminué par la drogue, il a eu de la peine à tenir une conversation. Je l'ai doucement mis dans un taxi et raccompagné chez lui. J'ai rarement par la suite rencontré un garçon qui alliait tout à la fois la beauté, le talent, la gentillesse et la fidélité en amitié.

Le seul coup de main que mon père m'ait donné dans le métier a été un coup de fil à la scripte Colette Crochot afin qu'elle me prenne à ses côtés sur *L'Alliance* de Christian de Chalonge. J'ai pour la première fois découvert le plateau en décors naturels. Le film se tournait dans un hôtel particulier de la rue du Cherche-Midi, juste en face de chez Poilâne. J'étais chargée entre autres de ravitailler les techniciens en petites tartes aux pommes et, à ce régime-là, j'ai pris 2 kilos. C'est sur ce film que j'ai fait la connaissance de Jean-Claude Carrière, qui avait la vedette avec Anna Karina. Ne le sachant pas du tout écrivain ni scénariste, ma rencontre avec lui fut tout à fait désintéressée. Homme charmant et discret, il était angoissé à l'idée de jouer la comédie et, lors d'une scène où Anna Karina lui servait le café, j'entendais dans le silence sa tasse trembler. L'accessoiriste Maurice Terrasse, un vieux renard des plateaux, est passé à côté de moi et, dans son langage imagé, m'a lancé : « Il a la tremblote pépère. Ah ! c'est un métier ! »

Le talent d'écriture de Jean-Claude Carrière n'a d'égal que sa gentillesse et sa disponibilité. Le film achevé, il m'a dit : « Si un jour je peux t'aider, n'hésite pas à m'appeler. » Quand, vingt-cinq ans plus tard, j'ai composé son numéro, il m'a répondu : « Pas de problème, je t'attends demain. » Et il a ouvert sa porte comme si nous nous étions quittés la veille.

J'ai commencé mes stages avec l'avènement du Polaroid, qui a été la libération des scriptes. Colette Crochot, la cinquantaine, était l'une des grandes du métier. Elle m'a formée à la dure et je l'en remercie. Le premier jour de tournage, elle m'a demandé de dessiner sur une feuille tout le salon du décor, bibelots compris. J'obtempérai sans broncher. Le lendemain, elle m'a fait entrer dans une sorte de cagibi rempli de cartons, chiffons, vieux livres, chapeaux en tous genres rangés n'importe comment, et m'a dit : « Dessine, le métier va rentrer. » En un stage, elle m'a appris tous les rouages du métier. S'étant absentée du plateau pendant une heure, elle m'a dit un jour : « Tu me remplaces, je reviens tout de suite. » Le roi n'était pas mon cousin !

Mon metteur en scène suivant sera Marcel Camus pour *Le Mur de l'Atlantique* et ma « chef scripte » un homme, seul script-boy de la profession. Patrick Aubrée, avec qui je me suis beaucoup amusée, était nettement plus décontracté que Colette et surtout rigolait pour une paille en croix. Ce sera le dernier film de Bourvil bien qu'il soit sorti sur les écrans avant *Le Cercle rouge*, de Jean-Pierre Melville.

Le studio d'Épinay avait été transformé en siège de la *Kommandantur* et les moyens étaient assez importants. Alain Corneau était premier assistant et Rémy Julienne avait pris la relève de Gilles Delamarre, décédé quelques années auparavant, pour les cascades. Jean Poiret, Sophie Desmarets et Peter Mac Ennery, égérie du jeune cinéma anglo-saxon, donnaient la réplique à Bourvil. Ce dernier, déjà miné par la maladie qui devait l'emporter quelques mois plus tard, ne venait sur le plateau qu'au moment du « moteur ». Il regardait sa doublure lumière prendre ses places, enregistrait tout très vite, tournait deux, quelquefois trois prises, et repartait se reposer dans sa loge. Il se savait très malade mais ne nous l'a jamais fait sentir. D'une gaieté et d'un enthousiasme communicatifs, il nous a donné une belle leçon de courage et d'optimisme. Mon père me demandait régulièrement des nouvelles d'André[1] pour lequel il avait estime et affection, et lorsque, un sale jour de septembre 1970, il a appris sa mort, je l'ai vu pleurer pour la première fois. Peu de temps après, la disparition de Fernandel l'accabla une seconde fois.

Parallèlement à mes activités cinématographiques, j'ai continué à monter à cheval. La providence voulut que mon frère, se destinant au métier d'entraîneur de chevaux de courses, fasse un stage de plusieurs mois à Newmarket, en Angleterre. À son retour, il m'a emmenée avec lui à l'entraînement à Deauville, chez Jack Cunnington où j'ai fait là mon premier galop sur un champ de courses. Les pur-sang ne sont pas des chevaux de selle et, au premier tour je me suis « fait la valise »[2]. Et pourtant cette première jument, Tanit, était bien brave. J'avais tout à apprendre. Je m'y suis mise tout de suite et, plusieurs fois par semaine, dès que mon emploi du temps me le permettait, j'allais à Chantilly monter deux ou trois lots[3] le matin. Les dimanches, mon père et moi allions aux courses à Longchamp et je commençais à rentrer dans le sérail du galop. J'ai fait la connaissance de la plupart des jockeys et un jour j'ai rencontré Yves Saint-Martin, qui allait devenir un ami et à qui mon père remit un jour la Cravache d'or.

Deux ans plus tard, l'entraîneur Georges Pelat m'a proposé de monter en courses de cavalières. Je n'en espérais pas tant. Je me levais à 4 heures du matin, allais à pied jusqu'à la gare Saint-Lazare car je n'avais pas de voiture, et prenais le train pour Maisons-Laffitte où le premier garçon[4] venait me chercher. Je montais 3 lots et dans chaque lot, Georges Pelat me faisait galoper sur la ligne droite en sable trois ou quatre chevaux, en préparation

1. André Raimbourg est le vrai nom de Bourvil.

2. Jargon du métier qui veut dire ne plus pouvoir tenir son cheval et se faire « prendre la main ».

3. Groupe de trente à quarante chevaux sortant à l'entraînement du matin pendant une heure trente.

4. Homme responsable de l'écurie, adjoint de l'entraîneur.

d'une course. Au début, j'ai craché mes poumons et petit à petit le métier est rentré. Les pur-sang sont des chevaux qui tirent énormément et j'avais pris des biceps énormes que n'aurait pas reniés un lutteur de foire. Parallèlement aux galopeurs, j'avais pris l'habitude d'aller deux fois par semaine à Grosbois mener les trotteurs chez Jean-René Gougeon, le « pape » du trot. Je passais les après-midi aux courses, mes journées étaient bien remplies et le soir, morte de fatigue, je me couchais à 19 h 30.

J'ai eu la chance d'enchaîner les stages les uns après les autres. J'ai quitté le plateau de Marcel Camus pour découvrir celui de Claude Sautet avec *Max et les ferrailleurs*. Auteur, scénariste, dialoguiste de talent, l'homme qui sublimera « la Femme », et particulièrement Romy Schneider, sortait du triomphe des *Choses de la vie*. Sa rigueur et sa maîtrise du cadre, de la mise en scène et de la direction d'acteurs forçaient l'admiration. Il tenait le plateau, du simple machiniste à la star du film. Il était craint pour ses colères fameuses qui éclataient pour une broutille, un mot de travers et qui laissaient flotter une ambiance électrique et créatrice. Il s'emballait dans la seconde et, fou de rage, piétinait alors son « bob [5] ». Ses crises s'arrêtaient d'ailleurs aussi vite qu'elles avaient commencé. Je l'ai vu engueuler Michel Piccoli d'une façon si violente que je m'attendais à une réaction du même genre. Michel, stoïque, l'air presque absent, fumait tranquillement sa cigarette en attendant la fin de la tempête. J'ai pensé qu'il devait bien le connaître et qu'il fallait tout simplement laisser passer l'orage.

Lorsque Romy était passée entre les mains de son maquilleur, Jean-Pierre Eychenne, et qu'elle arrivait sur le plateau dans sa petite robe moulante, le ruban de velours noir autour du cou, elle irradiait. Sa beauté était magique. Sautet lui fera porter un ciré noir serré à la taille et cette image restera presque aussi mythique que celle de Morgan dans *Quai des brumes*. Entre Claude Sautet et

5. Petit chapeau-cloche mou.

elle, il y avait une telle osmose que leurs rapports parfois conflictuels faisaient très vite place à la tendresse qu'ils éprouvaient l'un pour l'autre. Et puis Romy était Romy, angoissée, la sensibilité à fleur de peau, tantôt heureuse et désarmante, tantôt malheureuse et émouvante, en quête d'un bonheur que la vie se refusait à lui donner. Un jour, sur le plateau, elle m'a tendu un verre de liquide transparent : « Tiens, tu as soif, tu en veux ?... » Croyant boire de l'eau, je l'ai avalé d'un trait. La gorge en feu, j'ai cru mourir : c'était de la vodka ! Je me suis vite aperçue qu'elle avait parfois besoin de ce genre de remontant pour surmonter le stress du tournage et, qui sait, peut-être celui de sa vie...

Mes rapports avec Sautet ont été amicaux. J'étais même flattée lorsqu'il venait me demander du feu pour allumer sa cigarette et qu'il se penchait sur le briquet. Car il « clopait » dur, comme d'ailleurs tous les personnages de ses films. Je suis venue une fois sur le tournage en minirobe et en cuissardes. À la fin de la journée, il est venu me trouver, mi-paternaliste, mi-gêné. Les mots avaient du mal à sortir : « Florence... ça n'est pas que ça me déplaît... mais si vous pouviez vous habiller autrement... parce que, vous comprenez, aujourd'hui mes gars n'avancent pas ? » Ma tenue n'était pas idéale pour une scripte et désormais je n'ai plus porté que des pantalons pour travailler. J'ai eu un peu honte, mais il avait raison. Nous étions deux stagiaires avides d'apprendre sur le plateau et on ne peut pas dire que Geneviève Cortier, scripte et cousine de Claude Sautet, nous ait accueillies avec grand enthousiasme. Ce n'est pas un reproche, c'est une constatation. N'est pas pédagogue qui veut et deux d'un coup cela fait beaucoup.

Le casting du film était à l'image de son réalisateur. D'une efficacité redoutable, Georges Wilson et François Périer donnaient la réplique à trois débutants : Bernard Fresson, Michel Creton et Philippe Léotard. Les cinq ferrailleurs étaient criants de vérité, l'intrigue magnifiquement ficelée. Ce sera d'ailleurs le deuxième triomphe de Sautet.

J'ai fait sur *Max* trois rencontres importantes. Tout d'abord, François Périer, homme délicieux et professionnel jusqu'au bout des ongles. Il était calme, posé, et j'appréciais sa générosité, qualité rare chez un acteur. Quelque temps plus tard, j'ai fait de timides débuts de comédienne tout à fait par hasard, et je lui ai téléphoné pour lui demander conseil sur des cours de comédie. Il m'a gentiment répondu : « Florence, allez chez Jean-Laurent Cochet, c'est je pense ce qu'il y a de mieux. » Je n'ai pas eu le temps de pousser plus loin dans cette voie car j'ai enchaîné des films comme scripte et je n'ai plus arrêté jusqu'en 1989. François Périer est l'un des rares acteurs à s'être joint à nous, en 1992, pour l'inauguration du musée Jean Gabin, à Mériel dans l'Oise, et cela m'a d'autant plus touchée qu'il n'avait jamais tourné avec mon père. Grande classe, monsieur Périer.

Jean-Claude Sussfeld, premier assistant de Sautet, qui deviendra lui aussi réalisateur, sera à l'origine de ma rencontre avec Claude Pinoteau deux ans plus tard, rencontre qui allait sceller seize ans de collaboration et une amitié indéfectible depuis *Le Silencieux* en 1972.

La troisième rencontre fut sentimentale. Grand, mince, brun, les yeux tendres d'un bleu profond, Alain était cascadeur équestre. Il avait décroché le rôle d'un des « ferrailleurs ». J'ai été séduite par la douceur de son regard mais, fidèle aux conseils d'Henri Verneuil, je lui ai dit : « Pas pendant le tournage. » Le film terminé, il venait me chercher chez mes parents en attendant patiemment dehors, car on ne peut pas dire que mon père accueillait aimablement ses « éventuels futurs gendres ». Il restait silencieux sur ces liaisons. Il craignait de me voir quitter la maison et par là de me perdre, il fermait donc les yeux en nous glissant incidemment : « Ma fille, fais ce que tu veux, mais je te demande de ne pas te marier. » Il m'est arrivé de rentrer plusieurs nuits un peu tard et il a fini par me lancer sévèrement : « Ici, c'est pas un hôtel. On ne sort pas et on ne rentre pas quand on veut. »

J'avais compris le message. On était en 1971. Peu de temps après, j'ai trouvé un petit appartement dans le 8e arrondissement et je me suis installée dans mes murs avec mon amie Laurence. Contrarié par ce départ qu'il avait précipité, il ne m'a pas donné signe de vie. À part le lit que ma mère m'avait offert, je n'ai eu ni un franc ni un meuble. Il a été aussi têtu là-dessus que sur l'achat de la voiture qu'il m'avait promise un an plus tôt. Le permis obtenu, la voiture commandée, les arrhes payées par lui, je me suis rendue au garage pour en prendre possession. Devant le concessionnaire, j'ai passé un coup de fil pour le règlement, surprise qu'il n'ait pas encore été effectué. Il m'a alors annoncé calmement : « Débrouille-toi ma fille, je ne t'ai jamais dit qu'il était question que je t'offre cette voiture. » J'ai raccroché et, la mort dans l'âme, je me souviens avoir quitté à pied le garage situé en banlieue parisienne et en être repartie en bus, comme j'étais venue. Je faisais le dur apprentissage de la vie. Quelques années plus tard, ma sœur a obtenu sa voiture sans difficulté aucune et il a accueilli avec le sourire son premier fiancé...

J'avais terminé les stages obligatoires pour devenir scripte. Mon nom m'avait ouvert des portes mais elles auraient pu très vite se refermer en cas d'incompétence. J'ai décidé de refaire un stage de montage sur *Le Chat*, où j'ai retrouvé Pierre Granier-Deferre et Pascal Jardin. Et les sorties ont recommencé. Pascal m'emmenait partout et je me souviens avoir passé une soirée inoubliable chez un écrivain célèbre qui fêtait ce soir-là l'anniversaire de sa « jeune » amie. Devant nous, sous la serviette de table, la jeune femme a trouvé une clef de voiture. Nous sommes tous descendus dans la rue à sa suite. Devant l'immeuble, un superbe coupé Mercedes l'attendait ; à l'intérieur, délicatement posé sur la banquette, se trouvait un magnifique manteau de fourrure. J'ai regardé Pascal, incrédule. Ce même soir, en rentrant, il m'a appris qu'elle était sa maîtresse. Décidément, j'avais encore beaucoup à apprendre des hommes et mon éducation ne faisait que commencer.

L'odeur du plateau m'a toujours semblé particulière et magique. Mélange de paille qui calfeutre les murs et les rend silencieux au moment du « moteur », de colle, de peinture et de bois. Décor aux murs amovibles qui, le soir venu, les projecteurs éteints, retombe en sommeil en attendant la main experte du chef opérateur qui lui redonne vie. Sonnette stridente du « rouge »[6] qui suspend son vol à toute vie extérieure et la respiration de quarante personnes les yeux rivés sur un cercle de lumière où les acteurs ne sont plus pour quelques instants que les seuls êtres existant au monde.

Je n'ai eu le droit d'entrer sur le plateau du *Chat* qu'une seule fois. J'ai assisté à la scène où Simone Signoret s'écroule pour mourir, entraînant une lampe dans sa chute. Gabin se précipite dans la chambre et s'agenouille auprès d'elle en pleurant. Il n'a fait la prise qu'une seule fois, impossible pour lui de la recommencer. Pierre, avec tout son tact, n'insista pas et, se tournant vers moi, m'a dit : « Ça n'a pas d'importance, j'ai ce que je voulais... » À qui mon père avait-il pensé pour pleurer ? Ma question restera sans réponse et je me la poserai souvent par la suite en voyant des comédiens pleurer à la demande... En tout cas ce jour-là, je suis sortie du plateau bouleversée.

---

6. Rouge : lumière rouge s'allumant à l'extérieur du plateau qui annonce que l'on va tourner.

Je suis restée ensuite quelque temps sans travail. À force de régimes à base de nombreuses pilules multicolores qui rendaient mon père hystérique, j'ai décidé de travailler un peu comme mannequin. La maison Balmain ayant décliné ma candidature parce que j'étais trop « gironde », j'ai décidé de passer entre les mains d'un professeur de maintien. Son avis est tombé comme un couperet : « Franchement, on dirait que vous descendez de cheval... » Elle ne s'était pas trompée. J'ai donc appris à marcher d'une façon qui ne me paraissait pas très naturelle et je me suis exercée dans le hall de l'appartement. Mon père, curieux et amusé, me regardait du coin de l'œil me déhancher et se moquait de moi. « Qu'est-ce que c'est que cette démarche ridicule ? Je n'ai jamais vu ta mère défiler comme ça ! » Les temps et les modes avaient changé.

J'ai présenté quelques collections et même de la lingerie. J'ai fait le Salon du prêt-à-porter et le jour où un client a voulu m'échanger pour une soirée contre une boîte de caviar, je me suis dit que je n'étais qu'un portemanteau et que je ne valais qu'une boîte de caviar. J'espérais valoir mieux, et j'ai tout arrêté. En attendant de trouver un film pour me lancer seule, Henri Verneuil m'a prise en stage sur *Le Casse*, où j'ai découvert sa scripte, la délicieuse Lucile Costa, dite « Minouche ». Je me suis trouvée dans une superproduction, entourée de stars aux caractères diamétralement opposés. Verneuil, précurseur d'un Luc Besson, était l'un des rares metteurs en scène qui pouvait réunir sur un plateau des pointures nationales et internationales en ayant la poigne nécessaire pour coordonner tout ce petit monde.

Le chef opérateur Claude Renoir était une star à lui tout seul. C'était encore l'époque où les directeurs de la photo régnaient en maîtres sur le plateau. Tous avaient côtoyé Henri Alekan ou Eugen Schüfftan[1]. Fils de Pierre Renoir, neveu de Jean Renoir, petit-fils d'Auguste Renoir, Claude m'impressionnait par son calme et son talent. Il est venu à moi et m'a serré la main chaleureusement. Il est vrai que la famille Renoir et la famille Gabin avaient des antécédents plus que professionnels.

Jean-Paul Belmondo, incorrigible, décontracté, incapable de garder le sérieux, plaisantait et rigolait avant chaque prise. Robert Hossein, tragédien à la séduction ténébreuse et fragile, trimbalait avec lui l'inquiétude du perfectionniste. Omar Sharif, professionnel à l'américaine, star internationale jusqu'au bout des ongles, s'isolait entre les prises pour lire *Paris-Turf*. Ce qui frappait en premier lieu chez lui était sa diction irréprochable du français et le timbre de sa voix. Notre langue prenait sur ses lèvres tous les reliefs. Il parlait en outre avec une telle douceur qu'on ne pouvait que tomber sous le charme. Car Omar était un charmeur et il savait en jouer, des yeux et de la voix. Il était toujours élégant ; il se dégageait de sa personne une noblesse toute orientale qui faisait se retourner les femmes sur son passage. Il avait remarqué que j'arrivais tous les jours avec le même journal que lui et s'est approché doucement de moi avec curiosité : « Tu lis le *Paris-Turf* ?... » Je lui confiai ma passion pour les courses et il me proposa aussitôt de m'emmener à l'entraînement avec lui, à Chantilly. Nous partions de bonne heure le samedi matin prendre le petit déjeuner chez John Cunnington Jr, où ses chevaux étaient en pension. Il venait me chercher boulevard Charcot, à Neuilly,

1. Deux des plus grands chefs opérateurs du siècle.

avec la Rolls. Je n'en revenais pas de me retrouver avec le docteur Jivago dans cette superbe limousine blanche conduite par un chauffeur. J'étais même assez flattée, je dois le dire.

Mon père avait flairé le manège et lorsque je sortais, il se mettait à la fenêtre pour voir partir la voiture. D'un air entendu, il disait à ma mère : « Je suis sûr qu'il y a du Sharif là-dessous... » Là, il avait raison.

Pour le remercier de m'emmener à l'entraînement et de passer des moments magiques avec lui – il m'a fait découvrir le restaurant brésilien *Chez Guy*, rue Mabillon – je lui ai offert un très beau livre sur les étalons de pur-sang. Omar, surpris, m'a sermonnée : « Mais tu n'as pas à m'offrir de cadeau, ça me fait plaisir d'être avec toi. » J'ai été intriguée par sa réaction. Ne fallait-il pas offrir de cadeaux aux hommes... ? Les rapports entre les hommes et les femmes commençaient à me paraître beaucoup plus compliqués que je ne l'imaginais.

Sur *Le Casse*, j'ai fait la connaissance de Guy Lorre, la doublure lumière de Robert Hossein. Guy avait alors une vie sentimentale difficile et il venait volontiers s'épancher entre les prises. Nous avons vite sympathisé et nous dînions souvent ensemble. Il me dit un jour : « Il faut absolument que je te présente à Maurice. » Surprise, je lui répondis : « Maurice qui ? » « Maurice Ronet. Je suis certain que tu t'entendras bien avec lui. Il veut passer à la réalisation et ça serait bien que tu sois sa scripte. »

Guy était aussi sa doublure lumière et il fut décidé d'une prochaine rencontre. Elle s'est faite de manière fortuite. Un matin, j'ai reçu un coup de fil d'un copain assistant qui travaillait sur *Les Galets d'Étretat*, de Sergio Gobbi, avec Virna Lisi et Maurice Ronet. Une jeune comédienne s'était désistée au dernier moment et c'était la panique. « Viens tout de suite, j'ai parlé de toi à Sergio, tu lui conviens physiquement, il est d'accord pour que tu remplaces la comédienne au pied levé. » Tout heureuse de me faire un peu d'argent, j'arrivai sur le plateau en minirobe de laine bleu ciel et en cuissardes beiges. Nous étions en 1970-1971 et ce « costume » qui ne plaisait pas à mon père m'avait été prescrit pour

« ma » scène. Je me suis trouvée propulsée sous les projecteurs, devant l'œil terrifiant de la caméra, intimidée face à Virna Lisi et Annie Cordy, pour dire une seule phrase que j'ai eu bien du mal à articuler : « Vous êtes optimistes, mes chéries ! » Ne connaissant ni les tenants ni les aboutissants de ce dialogue, n'ayant pas lu le scénario, ma phrase tombait comme un cheveu sur la soupe. J'ai repensé alors à Jean-Claude Carrière, à sa tasse tremblotante et à la réflexion acidulée de l'accessoiriste : « C'est un métier !... » C'est effectivement un sacré métier et n'y arrive pas qui veut. J'ai été contente que la journée s'achève et surtout heureuse de toucher mon chèque. Je me souviens que Virna Lisi a fait des difficultés pour poser avec moi devant les objectifs des photographes ameutés par l'événement et, si les photos ont été publiées dans les journaux, mon rôle fut coupé au montage. Je n'en ai jamais su la raison...

Pendant la pause déjeuner, Guy Lorre m'a emmenée au restaurant situé juste en face du tournage et m'a présentée à Maurice Ronet. Avec un certain *a priori*, je m'attendais à trouver un séducteur impénitent, léger comme son rôle qui lui allait comme un gant dans *Raphaël ou le Débauché*. J'ai découvert un homme au discours profond où une certaine anxiété transparaissait par instants. Il se dégageait de lui un tel charme mêlé de mystère et une telle intelligence qu'à la fin du repas j'étais conquise. Le courant était passé entre nous mais j'étais loin d'imaginer que nous aurions, Maurice et moi, des relations aussi amicales. Il m'a confirmé qu'il passait à la réalisation, mais son premier film était un reportage sur les varans de Komodo. Il me faudrait patienter un peu. Nous avons parlé de choses et d'autres et il m'a promis de me rappeler. Ce qui n'a pas tardé car, une semaine plus tard, j'avais un coup de fil et ce, uniquement pour « papoter ». Ces coups de fil sont devenus réguliers. Il lui arrivait de m'appeler à 2 ou 3 heures du matin pour savoir ce que je faisais et pour plaisanter. Laurence sortait alors de sa chambre complètement endormie et inquiète en regardant sa montre :

– Qu'est-ce que c'est encore à cette heure ?... Qu'est-ce qui se passe ?...

– C'est Maurice qui appelle.

– Tu pourrais lui dire qu'il évite d'appeler à des heures pareilles, il y a des gens qui dorment...

À l'autre bout du fil, j'entendais Maurice qui s'impatientait.

– Allô, allô... qu'est-ce qui se passe ?

– C'est mon amie Laurence, tu l'as encore réveillée. Elle n'est pas contente.

– Passe-la-moi, je vais lui dire bonjour.

– Elle ne veut pas... Elle repart se coucher...

– Elle est triste, tant pis pour elle !

Les réactions de Maurice étaient parfois saugrenues et pouvaient en surprendre plus d'un. Mais j'aimais cette folie.

Sa disparition m'a plongée dans un profond chagrin. La vie se chargea en très peu de temps de m'enlever trois de mes meilleurs copains, Pascal Jardin, Maurice Ronet et Marc Porel.

N'ayant, comme je l'ai dit, aucun jeu de séduction et observant une réserve bien marquée dans mes relations avec les hommes, j'ai commencé à être surprise d'attirer leur attention et de susciter chez eux de la curiosité.

Au milieu du tournage du *Casse*, Minouche fut appelée par José Giovanni, son ami, pour tourner *Où est passé Tom ?* avec Rufus. Obligée de terminer le film de Verneuil, elle m'a proposé de commencer seule les trois premières semaines. Je n'en croyais pas mes oreilles, elle m'offrait mon premier film comme scripte. J'ai rencontré José qui m'a donné le scénario et je suis repartie en le serrant très fort contre moi, comme un objet précieux. Je l'ai minuté et préparé consciencieusement et, mes nombreux cahiers numérotés dans ma besace, j'ai débarqué à Perpignan où se situait l'action. Le matin du premier jour de tournage, mon cœur battait à tout rompre.

J'avais rêvé toute la nuit que j'avais perdu ma « continuité », qui est le fil conducteur du film, le déroulement de l'action sans lequel la scripte ne peut pas travailler. J'ai presque mis mon chronomètre autour du cou en partant de l'hôtel, chronomètre que j'avais acheté pour *L'Alliance* et qui fera toute ma carrière, durant vingt-cinq ans. J'avais été bien préparée par Colette et Minouche, le travail s'est enchaîné sans problèmes. Le plus difficile a été d'aborder les comédiens pour leur expliquer leurs raccords de mouvements. Je n'osais pas les approcher et je me suis rendu compte qu'ils étaient finalement ravis que je vienne leur parler. Je saurai plus tard que certains n'aimaient pas qu'on les dérange juste avant les prises mais le métier et le tact aidant, j'ai vite appris à contourner ce problème. Il suffisait d'un peu de psychologie et de beaucoup de gentillesse.

Giovanni est quelqu'un de chaleureux et de communicatif, qui raconte volontiers des histoires et des souvenirs de plateaux dans lesquels Lino Ventura tient une place prépondérante. Les techniciens, suspendus à ses lèvres, buvaient ses paroles et moi qui avais connu Lino toute petite, en entendant parler d'un être si proche, j'avais la curieuse impression de ne pas avoir quitté ma famille. J'allais bien vite me rendre compte que ce métier était une grande famille et en tout cas pour moi la deuxième.

L'équipe de José était incroyablement hétéroclite. À côté d'un « vieil » assistant chevronné, Paul Feyder, fils de Jacques et de Françoise Rosay, qui avait bien du mal à suivre son réalisateur « cabriolant », de Jacques Rouffio, calme et posé, directeur de production, l'équipe caméra était complètement « baba-cool ». William Glenn, chef opérateur et Walter Ball, son cadreur, arrivaient en moto avec leur assistante Anne Kripounoff. Tout ce petit monde aux cheveux longs à la hippie, en costume de motard, amenait un tourbillon de folie et un vent de jeunesse au tournage qui n'était pas loin de rappeler *Easy Rider*.

Moi, je suivais pas à pas mon metteur en scène qui, habillé en alpiniste, les *rangers* aux pieds, fou de varappe, avait la vilaine habitude de grimper partout où il trouvait un endroit pour s'accrocher. La nature, du côté de Perpignan, est riche en rochers. S'il m'arrivait, lors de la préparation d'une prise, d'être inquiète de ne pas le trouver à mes côtés, il me suffisait de lever les yeux pour le trouver suspendu, fou de bonheur, au plus élevé de l'un d'entre eux. Ouf ! Je n'avais pas perdu mon metteur en scène...

En automne 1971, je suis allée rendre visite à mon père sur le plateau du *Tueur*, aux Studios de Boulogne ; un jeune débutant lui donnait la réplique avec assurance dans un petit rôle où perçait déjà tout son charisme, Gérard Depardieu. Le chauffeur de Gabin, Louis Grandidier, était également celui de Jean-Pierre Melville. Il m'a appris que ce dernier cherchait une scripte pour son prochain film, *Un flic*. Quelques noms avaient déjà été lancés, mais rien de bien sûr. Louis m'a donné le numéro de téléphone de la production et j'ai appelé le jour même. Melville ! Le rêve inabordable de mes débuts. Le directeur de production, après avoir pris mes coordonnées, m'a lancé l'habituel : « On vous rappellera. » J'ai attendu une semaine à côté du téléphone, qui a fini par sonner. Melville me donnait rendez-vous dans son bureau des Studios de Boulogne. Lorsque j'ai frappé à la porte, mon cœur battait la chamade. Une voix m'a dit d'entrer et je me suis retrouvée au milieu d'une pièce baignée de pénombre où seule la lampe du bureau était allumée, comme pour intimider les suspects. Assise derrière la lampe se trouvait la silhouette d'un homme de forte stature, les yeux dissimulés par des lunettes noires, un large Stetson[1] sur la

1. Stetson : chapeau de cow-boy.

tête. L'ambiance était très « polar » américain des années quarante. Il m'a fait asseoir en face de lui et, sans faire référence à mon père, ce qui m'a soulagée, m'a demandé ma filmographie. J'avouai timidement les stages que j'avais effectués et nommai les quelques réalisateurs avec lesquels j'avais travaillé.

Melville a commencé à mon intention un cours sur le 7e art. Seule référence : le cinéma américain. Je retins dans le désordre John Ford, Howard Hawks, Alfred Hitchcock, Norman Jewison et John Schlesinger...

– Vous comprenez, le cinéma français est inexistant. Nous ne sommes que trois réalisateurs à faire du bon cinéma et à remplir les salles : Henri Verneuil, Gérard Oury et moi-même. Quant aux acteurs, il n'y a que Montand, Delon, Bourvil, et votre père.

Je remarquai qu'il n'avait pas cité Lino Ventura avec qui il s'était fâché sur *L'Armée des Ombres*. Très téméraire, et avec la naïveté d'une débutante candide, je lui ai susurré :

– Et qu'est-ce que vous faites de Claude Sautet et de Pierre Granier-Deferre ?

– Je vais vous dire, mademoiselle Moncorgé, nous ne travaillons pas dans le même registre.

Je suis restée bouche bée devant autant d'assurance. Il a continué :

– Avec ce film, je vais montrer à M. Verneuil, qui vient de faire *Le Casse*, ce qu'est un vrai hold-up.

C'était la bataille du *Cercle rouge* contre *Le Clan des Siciliens* et d'*Un flic* contre *Le Casse*. J'eus soudain très peur que mon éventuel premier long métrage ne soit pas une partie de plaisir.

– Parlez-vous anglais couramment ?

Sans réfléchir, je me suis entendue dire oui. Il a eu l'air d'être satisfait.

– Nous allons avoir deux comédiens américains et un comédien italien aux côtés de M. Delon. Nous aurons un *coach* pour les faire travailler mais vous aurez deux textes, l'un en anglais, l'autre en français, donc doubles raccords, car je veux tourner en double version.

Je ne lui ai rien montré de mon inquiétude. Je me lançais dans un premier film de trois mois de tournage avec un metteur en scène réputé pour ne pas être commode, Alain Delon, Catherine Deneuve et des comédiens étrangers par-dessus le marché. C'était un pari doublé de gageure, mais c'était surtout pour moi une manière de défier les souvenirs de la prophétie de mon père : « Ma pauvre fille, tu n'arriveras jamais à rien dans la vie... »

Melville m'a donc choisie pour être à ses côtés avec un sentiment paternaliste qu'il prodiguait également à deux de ses assistants, Jean-François Delon, frère d'Alain, et Pierre Tati, le fils de Jacques Tati. Tout ce petit monde le vénérait à coups de « Bien, monsieur Melville... Oui, monsieur Melville... Pas de problème, monsieur Melville » et était ravi de le servir et de lui obéir.

Le premier assistant, Marc Grunbaum, m'avait demandé de venir avec une casquette pour cacher ma tignasse blonde. Il m'avait fait comprendre que Melville, quelque peu misogyne, était susceptible sur certains points. Ses films étaient d'abord des films d'hommes où la femme ne tenait qu'une place mineure, quand elle en tenait une. Ça commençait bien. Je me suis habituée au Stetson et aux lunettes noires, et lui à ma chevelure blonde, le jour où j'ai enlevé ma casquette. Il se révéla un homme charmant alors qu'on me l'avait décrit comme un tyran, et je me suis vite attachée à lui. J'ai compris aussi que cet homme intelligent et roublard pouvait, d'une seconde à l'autre, devenir terriblement machiavélique.

Il était gourmand et avait un faible pour la bonne cuisine. J'avais demandé à une amie invitée à passer une journée sur le plateau de ramener des saucissons de Lyon. Il s'en léchait les babines à l'avance. Il avait besoin à 16 heures d'un petit remontant et tous les jours nous avions la cérémonie du Nuts. Jean-François Delon arrivait avec la friandise sur une assiette et juste derrière lui se tenait le stagiaire avec un verre d'eau. La journée pouvait continuer !

Melville était incontestablement le maître. Pendant la préparation des plans, il s'isolait dans une cabane en bois construite exprès pour lui dans un coin du plateau et y recevait quelques amis comme Philippe Labro ou Jean-Pierre Cassel. Il y mangeait également en préparant son découpage, qu'il me tendait ensuite gentiment avec un sourire :

– Voilà, mon chou, les plans de la journée.

Ceux-ci n'étaient pas nombreux car il tournait exclusivement en plans-séquences, ce qui était sa marque de fabrique et donnait à ses films un rythme lent et pesant. Il fallait un sacré talent pour prendre de semblables risques. Le chef opérateur avait une heure, quelquefois deux, pour préparer sa lumière. Les répétitions étaient longues et pointilleuses, mais en six ou sept plans la journée était bouclée. Le producteur en or qui lui permettait ce rythme de travail s'appelait Robert Dorffman. Petit homme discret, il venait nous rendre visite sur le plateau sans jamais s'immiscer dans notre travail. Respecté dans la profession pour sa compétence, sa gentillesse et sa « largesse » pour les salaires, il serrait la main de tout le monde. Cette « race » de producteurs permettant aux réalisateurs de travailler dans des conditions optimales indispensables à leur créativité a malheureusement disparu des écrans. À partir des années quatre-vingt, les metteurs en scène ont le plus souvent eu affaire à des « marchands de tapis » qu'à des grands seigneurs. Qui n'a pas regretté les Mnouchkine, Dantziger, Hakim, Strauss, Danon et autres Beytout ?

Melville était un personnage fantasque, bourré de paradoxes. Il avait fait imprimer par la production des bons points roses et des mauvais points verts pour récompenser ou pénaliser une faute. Ce système marchait aussi bien pour les techniciens que pour les comédiens. André Pousse n'en est toujours pas revenu d'avoir reçu un bon point rose pour bonne diction en anglais. Pour les comédiens étrangers, c'était devenu un amusement et ils doivent en parler encore aujourd'hui à Hollywood ! Quant à Alain Delon, il avait eu droit à deux points verts pour mauvaise volonté, ce qui l'avait fait sourire.

Quelqu'un a un jour lancé sur le plateau la plaisanterie des torchons qui pendent. Tout le monde a eu droit au long torchon blanc du *clapman* accroché derrière le dos avec une pince à linge.

L'air idiot de celui qui se balade avec sans le savoir est indescriptible. Chef opérateur, *perchman*, doublures lumière et même comédiens ont beaucoup amusé Melville, le seul avec Alain Delon à avoir échappé à ce divertissement. Nous n'aurions pas osé ! Notre metteur en scène avait un certain sens de l'humour mais le bonhomme était très difficile à cerner. Melville était un homme complexe et torturé au point d'avoir appelé ses deux chattes, qu'il adorait, Exquise et Ophrène. En plein tournage, il me prit un jour à part pour me dire : « Mon chou, prenez un peu de vacances et faites-vous remplacer. » Incrédule, j'ai ouvert des yeux tout ronds et suis restée bouche bée. Voyant que je n'avais pas compris, il a continué : « ... Essayez de changer de tête et revenez différente la semaine prochaine. » Racontant l'anecdote aux assistants, ceux-ci m'ont rassurée en me conseillant d'entrer dans son jeu... Après m'être creusé la tête tout le week-end, je suis arrivée le lundi suivant avec une perruque rousse et courte, et me suis présentée :

« Bonjour monsieur Melville, je suis la sœur de Florence, elle est malade et m'a demandé de la remplacer quelques jours... »

– Comment vous appelez-vous ?

– Véronique, monsieur Melville.

– Très bien mon chou, voici le découpage pour aujourd'hui. »

Et pendant une semaine j'ai joué le jeu. La perruque me gênait et me grattait mais il a fallu faire avec sans faillir. Tout le plateau avait fini par s'habituer à ma nouvelle tête sauf Alain :

– Qu'est-ce que c'est que cette perruque rousse ? Tu es beaucoup mieux en blonde.

Je lui ai raconté « l'affaire ».

– Ton père t'a vue comme ça ?

– Oui, il a bien ri et il a appelé Michel Audiard...

– Ça va durer combien de temps ces conneries ?

– Une semaine.

Il a tourné les talons l'air contrarié, sûrement plus par le caractère fantasque de Melville que par mes cheveux roux. La semaine suivante, je suis revenue avec mes cheveux blonds.

– Bonjour monsieur Melville, avez-vous été content des services de ma sœur ?

– Elle a été parfaite mais je vous préfère, vous. Tâchez de ne plus être malade !

Je me suis quand même demandé quel était le plus malade des deux.

Les rapports entre Delon et Melville ont été assez tendus. Alain, qui devait tourner un film en Italie après *Un flic*, se laissait pousser les cheveux et son coiffeur était obligé de les lui attacher à l'arrière avec des pinces. Melville voyait rouge. Un jour, nous étions prêts à tourner à 13 heures. Tout le plateau attendait qu'Alain descende de sa loge. L'assistant en est revenu en disant à Melville que M. Delon ne descendrait que lorsque lui-même serait sorti de sa cabane en bois. Melville fit répondre qu'il ne sortirait de sa cabane que si M. Delon était sur le plateau. Le petit manège dura plus d'une heure. C'est finalement Alain qui a cédé le premier.

Nous étions dans les beaux jours du cinéma français et ce genre d'incident était alors monnaie courante, surtout chez les femmes. La journée de plateau coûtait très cher mais les producteurs pouvaient se permettre quelques « caprices » de star. Ils récupéraient leur argent plus tard à coup sûr. Alain avait mal admis la double version. Il trouvait cela ridicule pour un film français. Il n'avait sans doute pas tort. Nous tournions dans le décor du commissariat de police et il n'arrivait pas à dire son texte anglais ou ne le voulait pas. Melville est resté très calme.

– M. Richard Crenna dit son texte en français, il n'y a aucune raison pour que M. Delon ne le dise pas en anglais. Mes enfants, nous allons sortir du plateau et laisser Alain réfléchir seul. Monsieur Wotitz[2], éteignez le service[3].

C'est ainsi que le Studio de Boulogne a vu l'équipe de Melville investir le hall, précédée de son metteur en scène. L'ambiance était lourde. Au bout d'une demi-heure, sur l'ordre du maître, nous

2. Walter Wotitz était le chef opérateur.

3. Service : lumière générale alimentant le plateau que l'on éteint lorsque l'on tourne.

sommes tous revenus sur le plateau. Alain savait son texte et Melville a demandé le « moteur ». L'incident était clos et le tournage a repris son rythme. Je me suis dit qu'il fallait tout de même une sacrée trempe pour tenir tête à une star.

Mes rapports avec Alain ont tout d'abord été courtois. Chacun s'observait. Il me testait professionnellement. J'avais remarqué qu'il portait sa montre au poignet droit avec le cadran à l'intérieur. Pour regarder l'heure, il était obligé de retourner son poignet. Un jour, juste au moment du « moteur », il a changé subrepticement sa montre de bras. Je me suis avancée vers lui et lui ai dit très gentiment :

– Alain, vous avez changé votre montre de poignet.

Devant tout le plateau, c'était risqué si je m'étais « plantée ». Il a regardé ses poignets et m'a lancé avec désinvolture :

– Tu crois ?

– Je ne crois pas, je suis sûre !

Melville s'était avancé. Tatillon, il était capable d'arrêter un tournage pour cela.

– Bon alors, Alain, la montre n'est plus raccord ?

Alain a plongé ses yeux droit dans les miens.

– Alors, mademoiselle Moncorgé, on est sûre… ou pas…

Soutenant son regard, je lui ai répondu :

– Certaine !

Il a esquissé un petit sourire en changeant la montre de poignet et m'a glissé doucement :

– J'ai voulu voir si tu l'avais remarqué.

Je me suis reculée vers la caméra et Melville a lancé le « moteur ». J'ai reçu deux « bons points » roses…

Après ce petit incident, mes rapports avec Alain se sont détendus. À certains regards, des gestes, des mots, j'ai senti qu'il avait même à mon égard de l'affection et de la tendresse. Il m'a souvent demandé de lui donner la réplique *« off »*[4], en me disant qu'il

4. Réplique *off* : le comédien filmé en gros plan donne la réplique à quelqu'un placé à côté de la caméra qui remplace un acteur absent.

préférait m'avoir dans son regard plutôt que l'assistant qui remplaçait le partenaire absent du plateau.

J'avais gagné des galons et je commençais à me faire accepter. À force d'attention et de concentration, j'ai terminé mon premier film « sur les genoux » mais satisfaite. Le plus dur était passé. J'en oubliais quelquefois mon chèque de fin de semaine. Je racontais ma vie de plateau le soir à dîner. Je sentais mon père ravi mais inquiet. Il m'avait glissé : « Fais quand même gaffe sur le plateau où tu te trouves parce qu'un jour vous risquez d'avoir une descente de mitraillettes... »

Nous étions très peu de temps après l'affaire Markovic et son caractère angoissé lui laissait toujours entrevoir le pire. Il m'avait dit également : « J'espère que tu n'oublies pas ton chèque du vendredi. » J'ai hésité avant de lui avouer que, parfois, je repartais du studio sans y penser. La réponse est tombée net : « Si tu oublies ton chèque, on ne te prendra pas au sérieux. Tu ne fais pas ce métier pour rien et tu dois te faire respecter. » À partir de ce jour, j'ai fait comme les copains : le vendredi j'arrivais sur le plateau souriante, c'était le jour de « l'image pieuse [5] ».

À la fin du tournage, Jean-Pierre Melville m'a invitée à dîner à La Méditerranée, place de l'Odéon. « Mon chou, je veux vous remercier de votre collaboration chaleureuse et puis je veux vous montrer l'endroit où un soir, après la guerre, j'ai vu votre père dîner avec Marlène Dietrich. »

J'allais petit à petit, par le biais du métier, découvrir des pans de la vie de mon père, occultés jusqu'alors, et une facette de sa personnalité vue de l'autre côté du miroir. J'étais un peu angoissée quant à ce dîner en tête à tête. Qu'allions-nous nous raconter ?

Melville a commencé par m'offrir un magnifique chronomètre dont je ne me suis jamais servie de peur de le perdre, et la conver-

5. Image pieuse : nom imagé donné au chèque par les techniciens du cinéma.

sation fut des plus agréables. Cet homme cultivé m'a raconté sa passion pour la littérature et le cinéma. Sa gourmandise était un régal et il m'a fait goûter ce soir-là les meilleurs vins. Je garde de ce dîner un souvenir ému. Quand nous nous sommes quittés, il m'a promis de me rappeler pour son prochain film. Il a disparu peu de temps après, sans que je l'aie jamais revu. Je crois avoir connu là l'un des derniers monstres sacrés du cinéma français.

Le plateau de Michel Audiard était à l'opposé de celui de Melville. Il ressemblait à son metteur en scène : décontracté, chaleureux, bon enfant. Chacun pouvait s'exprimer librement, avec humour, sans craindre les foudres d'un renvoi imminent. Le titre du film, *Elle cause plus, elle flingue* et le casting étaient à l'unisson de cette atmosphère : Annie Girardot, Bernard Blier, André Pousse, Jean Carmet, Darry Cowl et Daniel Prévost, alors débutant que je retrouverai à plusieurs reprises, y mirent une ambiance festive pendant deux mois.

André Pousse me disait : « On se marre mieux ici qu'avec Melville, non ? » Et pourtant nous tournions dans l'un des derniers bidonvilles de Champigny-sur-Marne et l'environnement ne s'y prêtait pas vraiment. Nous avons terminé le film en mai à Saint-Tropez, et j'ai découvert pour la première fois cet endroit magique où régnait encore la mythique BB, plus belle que jamais.

En tournant avec Michel Audiard, j'avais l'impression de n'avoir quitté ni la maison ni la famille. Je l'avais connu toute petite et cette continuité me paraissait normale. Affectueux et paternel, il m'appelait « La Bavaroise ». « Avec ton physique d'Allemande et tes joues rondes, il ne te manque plus que les nattes, la choucroute et la chope de bière. » Bernard Blier, qui m'appelait au début « Moncorgé », finit par me surnommer lui aussi « La Bavaroise ». J'aurai ainsi au fil de ma carrière quelques surnoms assez cocasses.

Michel privilégiait les dialogues dans ses films. La mise en scène n'était pas son problème majeur. Un tournage était pour lui l'occasion de réunir des copains pour faire une grosse farce et s'amuser avec eux. Les bons mots fusaient et les apéritifs étaient nombreux et joyeux. Annie Girardot, alors immense star, s'isolait dans un coin entre les prises de vues pour faire des mots croisés mais, avec son tempérament pétillant, dès qu'elle arrivait sur le décor, elle n'était pas la dernière à mettre de l'ambiance. Michel et elle se « renvoyaient la balle » avec un brio à couper le souffle et à rendre jaloux tous les dialoguistes de la terre !

Ma rencontre avec Claude Pinoteau a été exceptionnelle. Il cherchait une jeune scripte pour son premier film *Le Silencieux*, produit par la Gaumont, avec Lino Ventura. Décidément, je ne quittais pas ma famille. Claude avait 45 ans, moi 22. Nous travaillerons seize ans ensemble sur *La Gifle*, *Le Grand Escogriffe*, *La Boum*, *La Septième Cible*, jusqu'à la préparation de *L'Étudiante* en 1988. Ma vie privée a été totalement imbriquée avec sa vie professionnelle et il en sera un des piliers importants avec Pierre Granier-Deferre et Jean-Claude Brialy.

Le Silencieux fut un régal et mon plus beau souvenir d'amitié dans le travail avec *Le Bon Petit Diable*, de Jean-Claude Brialy. Lino était le seul personnage important du film et la toute petite équipe de quinze personnes a suivi sa « cavale », de Londres aux montagnes de Gap, dans les Hautes-Alpes, en passant par Genève. Nous déménagions tous les jours comme un chapiteau de cirque. Lino était un homme formidable. Outre ses qualités professionnelles, il possédait comme Gabin une intuition exemplaire du jeu. Humainement parlant, c'était un bonheur et, en tout cas, pour une scripte le repos total. Les raccords étaient faits sur le fil du rasoir et, à part mon père, je ne reverrai plus jamais cela sur un plateau. Lino n'était pas gourmand mais gourmet. La « bouffe », comme pour mon père, était un moment sacré, une messe solennelle pendant laquelle on ne parlait pas. On mangeait et on causait ensuite. La cantine, à Londres, dans un bus à impériale qui se déplaçait avec nous, avait été franchement dégueulasse ; les canards de la Tamise à qui on avait jeté les petits pois les avaient recrachés en caquetant. En France, on nous avait adjoint une cantine tout aussi mauvaise. Lino râlait et il avait raison. Il a pris un jour le directeur de production à part : « Les gars se lèvent tôt le matin, ils bossent dur et ne rechignent pas aux "heures sup [1]", ils ont le droit de bouffer correctement. » Le cantinier a fait de vaines prouesses pour essayer de donner du goût à de la nourriture qui n'en avait vraiment pas. Notre calvaire gastronomique a duré tout le tournage.

Un jour où nous tournions en pleine campagne, Lino, grand seigneur, a invité toute l'équipe à déjeuner dans une auberge afin que les techniciens puissent profiter d'un bon repas. Sur ce film, il n'avait pas de caravane, la taille de celle-ci étant en général proportionnelle à la place sur l'affiche du comédien : que de conflits je verrais à ce propos ! Il s'habillait dans les chambres d'hôtel au hasard du tournage. Un jour de repos, à Gap, il me dit : « Tiens, "Mémaine [2]", demain on va aller déjeuner avec "le Vieux" à Sisteron. Appelle-le... » Mon père tournait *L'Affaire Dominici* à quelques kilomètres de là. Le repas fut évidemment somptueux et bien arrosé. Ni l'un ni l'autre n'ont parlé avant d'avoir fini de manger. J'observais mon père. Avec ses moustaches et sa barbe naissante, il était plus vrai que nature. Il s'était fondu dans le personnage du patriarche de Lurs. Lino a enfin posé sa serviette et les questions sur le tournage ont commencé. Mon père était satisfait. Il avait de bons rapports avec Paul Crauchet et Victor Lanoux, puis il a lancé tranquillement à l'intention de Lino :

– Tu sais, sur le film, il y a un môme « de première [3] ». S'il

1. Heures supplémentaires.

2. Mémaine : surnom que Lino m'avait donné et que je garderai sur les trois films que je ferai avec lui.

3. De première : terme par lequel il définissait quelqu'un ou quelque chose de formidable et d'exceptionnel.

continue comme ça, il ira loin. Moi j'le verrai peut-être pas, je l'aurai « glissé » avant, mais toi...

– Comment il s'appelle ton môme ?

– Gérard Depardieu.

Vision prémonitoire d'un monstre sacré reconnaissant au premier coup d'œil son semblable. Un an plus tard, Bertrand Blier sortira *Les Valseuses*, avec Depardieu et Dewaere.

Il n'y a pas que les comédiens que je retrouvais au gré des films. Le chien Rex, partenaire de mon père dans *La Horse*, a été aussi celui de Lino dans *Le Silencieux*. Rex était extraordinaire, il savait mourir sur commande, sans respirer. Il connaissait son métier jusqu'au bout des griffes ! J'ai eu une grande passion pour ce chien bâtard qui ne ressemblait à rien mais dont le regard était si émouvant.

Le Silencieux à peine terminé, j'ai appris que le producteur, Raymond Danon, préparait un film avec Simone Signoret et Alain Delon qui reformaient le couple de *La Veuve Couderc*. Ralph Baum, directeur de production que j'avais connu sur *Max*, m'a reçue pour me dire que les conditions de tournage seraient très difficiles. Le film se passait dans le Jura, dans une ferme isolée par les neiges où il risquait de faire jusqu'à - 15 °C certaines nuits. J'ai répondu a Ralph que l'Orne où j'avais été élevée avait été baptisée « la Sibérie normande » et que les intempéries ne me poseraient aucun problème. En revanche, comme à son habitude, Ralph a fait son numéro pour les salaires et avec son accent yiddish qu'il accentuait à la Rabbi Jacob :

– Toi demander combien ?...

– Moi demander 1 500 francs par semaine.

– Ach ! toi trop cher... moi très pauvre pour ce film... Toi très riche, pas besoin d'argent...

Il souriait d'un air malin pour arriver à ses fins. J'ai tenu bon, mon père m'avait éduquée là-dessus : « La scripte est toujours sous-payée par rapport à son travail. Elle fait tout le boulot que personne ne veut faire sur le plateau. » J'ai répliqué à Ralph :

– Non, moi pas riche, moi besoin d'argent. Mon papa rien donner à moi.

– Toi déjà tourner avec Delon ?

– Oui, moi connaître bien Alain.

– Parce qu'Alain et Simone pas faciles.

– Moi pas peur !

– Alors, toi engagée.

– À mon prix ?

Il faisait semblant de réfléchir pour faire durer le suspense.

– ... à ton prix.

Je suis sortie du bureau, heureuse d'avoir gagné une bataille, car chaque passage chez un directeur de production avant un film était pour moi un véritable « combat de boxe » dont ma « croûte » dépendait.

Je suis arrivée à Pontarlier le 15 décembre 1972 avec des valises bourrées de gros pull-overs et des bottes en fourrure. Une partie de l'équipe logeait à l'hôtel de la Poste et le reste dans l'hôtel appartenant aux parents de Bernard Blier. À l'époque, les défraiements n'étaient pas déclarés aux impôts. En rabiotant un peu, on pouvait ramener à Paris un peu de liquide.

J'avais demandé une petite chambre avec lavabo au dernier étage et je voisinais avec mon vieux copain Jean-François Delon, deuxième assistant, qui était en ménage avec ma stagiaire, belle comme un cœur, Lucile Christol. La douche commune était sur le palier.

Ralph n'avait pas menti, les conditions de travail ont été dures. Tous les matins, le chasse-neige nous ouvrait la route pour monter à la ferme située à quelques kilomètres dont les trois pièces principales voisinaient avec l'étable. La porte de celle-ci restait ouverte une partie de la journée pour faire entrer un peu de chaleur animale. J'allais chercher mon bol de lait frais tous les matins – j'étais la seule – et j'avais même initié Alain à l'art de traire une vache :

– Comment peux-tu boire ça tout tiède ? C'est écœurant...

Je lui ai répondu en lui passant le bol du délicieux liquide mousseux sous le nez :

– ... directement du producteur au consommateur !

Le « Damart » s'imposait et les *moon-boots* que José Giovanni, chez qui j'avais passé Noël en Suisse, m'avait offertes, ont été les bienvenues. J'ai souvent eu l'onglée malgré les gants, et le stylo à bille gelé n'imprimant plus les cahiers lorsque la neige tombait, j'ai usé plusieurs crayons de papier.

Certaines nuits où la cantine d'Adrienne nous ravigotait à coups de soupe et de vin chaud, il a fait jusqu'à - 20 °C. Les toilettes, sorte de trou dans du bois où la neige s'engouffrait par paquets, se trouvaient à l'extérieur et il fallait quitter la douce chaleur du poêle et affronter le froid pour soulager un besoin pressant.

J'ai finalement demandé à Simone la permission d'aller dans sa caravane, ce qui était tout de même plus confortable. Ces caravanes chéries, elles étaient bien utiles... Ces conditions de vie nous avaient tous rapprochés. Comédiens et techniciens vivaient serrés les uns contre les autres. Philippe Monnier, premier assistant qui deviendra réalisateur, coordonnait parfaitement tout son petit monde.

Jean Bouise, homme délicieux, toujours à l'écoute des uns et des autres, partageait la vie des techniciens, ainsi que le timide Paul Crauchet. Catherine Allégret et Bernard Le Coq mettaient une ambiance sympathique et légère à ce tournage plutôt pesant. Miou-Miou, très discrète, faisait des allers-retours Paris-Pontarlier.

Quant à Simone, elle vivait sa vie à elle, ponctuée par les coups de fil et les courriers de Montand, qui tournait ailleurs. Elle mettait d'ailleurs un point d'honneur à nous aviser de tout ce qu'il faisait pour qu'on sache qu'il existe. Elle nous conviait souvent le soir à une partie de Scrabble, jeu où elle excellait.

Alain, venu nous rejoindre, s'est fait engueuler parce qu'il inventait des mots qui n'étaient pas dans le dictionnaire. Ce jeu devait l'ennuyer et il se joignait à nous pour tuer le temps. Ça le faisait rire quand Simone se fâchait.

– Tu nous emmerdes à la fin. C'est pas la peine de jouer si tu n'es pas concentré et si tu triches.

Un soir que nous étions en pleine partie, je lui ai annoncé :

– Ça y est, papa s'est enfin décidé à acheter une TV couleur...

Simone a relevé la tête, étonnée :

– Comment ? Ton père n'avait pas la TV couleur ?

Eh bien non, le progrès et lui ça faisait deux ! Il n'a d'ailleurs jamais su se servir de son autoradio. Il en tripotait les boutons sans résultat et finissait toujours par dire : « ... Merde ! C'est vraiment des trucs à la con. Ils pourraient fabriquer des trucs qui marchent chez Mercedes. Y sont pas encore au point... » Nous, nous pensions plutôt que c'était lui qui n'était pas au point.

J'ai pris 4 kilos à me bourrer de Phosphatine bébé tous les matins pour tenir le froid, et le soir je me régalais de la crème caramel maison. Simone râlait parce que je n'en laissais jamais une miette pour les autres. Elle n'avait pas tort. J'ai, malgré toutes ces défenses immunitaires, attrapé une grippe carabinée qui m'a fait tousser en boucle ; je ne suspendais ces quintes qu'au moment du « moteur ». Cela a bien duré dix jours. Mi-maternelle mi-exaspérée, Simone s'est fâchée à nouveau :

– Bon sang, soigne-toi, c'est énervant à la fin !

J'aimais bien Simone, elle était sévère mais juste et elle avait souvent raison dans les conseils qu'elle distillait aux jeunes du plateau, aussi bien sur le plan professionnel que sur la vie en général. C'était elle qui commandait et nous la craignions tous. Même Alain l'écoutait. Le seul qu'elle n'engueulait jamais, c'était Jean Bouise. Je crois qu'elle avait pour lui une grande tendresse. Mais qui n'en avait pas pour Jean...

Simone a accepté que j'aille regarder le Prix d'Amérique dans sa chambre car je n'avais pas de télévision. La championne « Une de mai » ayant été battue, j'ai quitté la chambre comme une folle :

– Mais calme-toi, me dit-elle, ça n'est pas une affaire d'État !

Pour moi ça l'était et le *Paris-Turf* continuait à me suivre sur les tournages, c'était vital.

– T'es bien comme ton père !...

Elle m'a alors raconté une anecdote à propos de leur film *Le Chat*.

– Ton père lisait le *Paris-Turf* tous les jours. Je lui ai demandé quel intérêt il avait à lire ce journal rébarbatif au possible. Il me l'a alors tendu à la page ouverte et m'a montré tout au bas d'une colonne un nom que j'avais du mal à lire, même avec des lunettes : « Éleveur : J. G. Moncorgé ». Un de ses chevaux avait gagné une course et il était fier de voir son nom associé aux autres. J'ai raconté cette histoire autour de moi, fascinée. Ce mec-là, qui avait son nom en caractères énormes sur tous les frontons de cinémas de France et de Navarre, était fou de joie parce qu'il voyait écrit en minuscule « Moncorgé » dans un journal lu seulement par quelques initiés.

Au bout de quelques jours, le metteur en scène Jean Chapot, homme timide et discret, a été débordé par ces deux monstres sacrés qui s'affrontaient sur le plateau comme dans la vie. Il n'a pas osé se montrer ferme. À sa décharge, il est très difficile et même paniquant de diriger deux personnalités de cette sorte et seuls des metteurs en scène chevronnés peuvent y parvenir. Ou alors il faut un charisme tel qu'il remplace le leur.

Alain a fini par prendre Jean Chapot à part et lui a dit :

– Jean, marchez-moi dessus sinon c'est moi qui vais vous marcher dessus.

Une erreur dans le plan de travail d'une journée a mis le feu aux poudres. Alain a refusé de sortir de sa caravane malgré Simone qui s'est montrée plus magnanime envers son metteur en scène.

Ce jour-là, tous les acteurs avaient été convoqués. Raymond Danon est arrivé de Paris en catastrophe et, enveloppé dans son long manteau de fourrure, a passé la journée à faire la navette entre la caravane d'Alain et celle de Simone, suivi comme son ombre par un Ralph Baum contrarié qui grillait cigarette sur cigarette. Une journée entière a été perdue et, comme disait Ralph, « le temps c'est de l'argent ». Les journées de tournage coûtent cher et il fallait trancher rapidement. Nous avons tous attendu le verdict avec angoisse. Il a été décidé qu'Alain reprendrait les rênes du tournage quelques jours, le temps que Jean Chapot se ressaisisse.

Des réunions de travail ont eu lieu le soir dans sa chambre avec le premier assistant, le chef opérateur, le cadreur et moi-même. Les scènes ont été épluchées et remises à plat. À la fin de ces petites réunions, Alain me tendait les feuillets en souriant : « Tiens, tu as du travail pour demain. »

Toute la sainte journée, je collais aux basques de mon nouveau metteur en scène qui était réalisateur et acteur tout à la fois. Philippe Monnier donnait le « moteur ».

Les scènes regroupaient pratiquement tous les acteurs et le traitement psychologique de tout ce petit monde relevait de l'exploit. Il fallait contourner les susceptibilités de chacun. Jean Chapot revenu, les choses se sont remises en place progressivement. Il avait compris qu'il fallait « une main de fer dans un gant de velours.

J'ai remarqué qu'il avait pris des cheveux blancs et son exclusion momentanée m'avait fait de la peine car c'était un monsieur charmant. À Paris, la profession avait baptisé notre film « les torchons brûlés » !

Je tenais évidemment mes parents informés de tous ces événements et je pense que le téléphone arabe devait fonctionner entre mon père, Michel Audiard et Lino. Les ragots et les papotages dans ce métier ont toujours été légion. Pendant ce film, Alain préparait *Deux hommes dans la ville*, qu'il allait produire et jouer avec Gabin. Il m'en parlait souvent. Ce projet l'excitait beaucoup et la mise en scène en avait été confiée à José Giovanni. Alain était gentil avec moi, même tendre et me lançait souvent un clin d'œil ou un sourire complices. À la cantine, il avait pris l'habitude de venir s'asseoir à la table des techniciens, juste en face de moi. Cette attitude nous avait tous quelque peu surpris. Il n'était pas du genre à venir à la « coupure [4] » se mélanger avec la technique.

Il baissait le *Paris-Turf* dans lequel j'étais plongée :

– T'es pas marrante, tu dis jamais rien. T'es toujours fourrée dans ton canard...

Pour nouer le dialogue, il tournait en rond, timide comme un gamin de 20 ans. C'était émouvant et plutôt craquant. L'habilleuse

4. Coupure : arrêt repas.

Yvette Bonnay m'a lancé un jour : « Ma parole, Alain est amoureux de toi ! » J'ai relevé la tête de mes papiers, incrédule. Il vivait à l'époque avec une très jolie femme. Qu'attendait-il de moi ? J'étais plutôt mal à l'aise. J'ai fait mine de ne rien remarquer et j'ai continué mon petit bonhomme de chemin. Les choses rentreraient dans l'ordre d'elles-mêmes.

Un jour de tournage à Besançon, Alain annonça à la mise en scène que j'allais jouer sa femme. Ce petit rôle de quelques minutes consistait à venir en voiture l'attendre devant le palais de justice. Je lui ai répété que je n'étais pas actrice et que je serais certainement très mauvaise, qu'il s'adresse ailleurs !

– Tu vas voir, c'est très facile, tu n'auras rien à faire, tu te laisses porter. Donne tes cahiers à ta stagiaire.

Il fallait obéir, c'était un ordre. Le coiffeur a caché tant bien que mal mes racines sous une capuche en fourrure. Je n'avais franchement pas l'allure d'une comédienne. Chapot a lancé le « moteur » et, assise dans ma petite voiture, j'ai reçu un baiser de cinéma que m'auraient envié beaucoup de femmes !

– Tu vois, me dit-il en souriant, nous sommes immortalisés tous les deux au cinéma.

Le soir, il a insisté pour me ramener à Pontarlier dans sa voiture et nous sommes allés dîner dans un petit restaurant perdu dans la montagne où nous étions les seuls clients. Je ne pouvais pas reculer et je dois dire que je n'en avais pas envie. Nous étions comme deux enfants intimidés qui ne savent pas quoi se dire. Il me paraissait impossible que ce regard si bleu et ce sourire soient pour moi. J'ai repensé à la petite fille de 13 ans assise sagement sur un lit de décor dix ans plus tôt. Et pourtant tout était bien réel, Alain était en face de moi. Au moment de monter dans ma chambre, il m'a arrêtée doucement :

– Où vas-tu ?

– ... Me coucher...

Il m'a pris la main et avec un sourire désarmant m'a dit simplement :

– ...Viens...

Dans ma vie sentimentale, Alain sera l'homme qui me donnera le plus de tendresse. Quelques aventures sans lendemain ne m'en avaient jamais apportée et pourtant j'en avais à revendre. Était-ce l'inquiétude de ne pas être aimée pour moi-même ou la peur de me « faire avoir », je ne m'étais jamais laissé aller. Être la fille de Gabin pouvait fausser bien des sentiments et attitudes à mon égard. Nous étions lui et moi sur un pied d'égalité. Il m'a aimée pour ce que j'étais avec mon côté nature, mes joues rondes, mes lèvres trop minces et ma façon de m'habiller sans grand raffinement. Ces défauts, il les a aplanis et m'a donné confiance en moi par une douceur extrême. Les mots sans retenue que nous aurons l'un pour l'autre seront le ciment d'une tendresse et d'un attachement indéfectibles qui m'ont soutenue bien des fois lorsque je me sentais « bancale ». Alain serait là et il ne pourrait rien m'arriver. Nous ferons ainsi une partie du chemin ensemble.

Après *Les Granges brûlées*, leurs scriptes étant enceintes, deux réalisateurs me contactèrent pour les remplacer. Georges Lautner pour *La Valise* et Pierre Granier-Deferre pour *Le Train*, quelques jours plus tard. Même avec tout le respect et l'amitié que je porte à Georges, j'ai regretté que Pierre n'ait pas été plus rapide.

Je suis donc partie avec l'équipe de Lautner pour l'Andalousie. Nous étions logés à Almeria à l'hôtel Aguadulce, en pleines *« ramblas*[1] *»*. Descendant un jour au bord de la piscine, j'ai eu la surprise de me trouver nez à nez avec Charles Bronson. Star internationale incontestée, précurseur de Bruce Willis, il se déplaçait de sa démarche souple, les yeux plissés, prêt à bondir comme un chat. Arrivé à ma hauteur, il m'a adressé un petit sourire de politesse et a continué son chemin. Même quand on est la fille de Gabin, on peut être impressionnée.

Il faisait une chaleur étouffante en ce mois de mai mais je ne pouvais travailler en short, car avant de quitter la France j'avais eu la jambe déchirée par un grave accident de *sulky*[2] et je devais garder un pansement sur la blessure.

1. *Ramblas :* lieu désertique et montagneux où se tournaient les westerns-spaghettis.
2. *Sulky :* petite voiture traînée par les trotteurs à Vincennes.

Je ne garde pas de ce tournage un souvenir extraordinaire, ayant été en butte aux réflexions désobligeantes et sans fondement du premier assistant, désagréable à souhait. Heureusement, j'ai trouvé du réconfort auprès de son second, Robin Davis, futur réalisateur de *La Guerre des polices* et de *J'ai épousé une ombre*. Mireille Darc faisait des allers-retours à Paris et me ramenait le *Paris-Turf*, et Jean-Pierre Marielle, très paternaliste, me consolait de sa belle voix grave :

– Mais, mon « petit Moncorgé », ne sois pas triste, tu vas les retrouver bientôt, tes petits chevaux...

Ce mois en Espagne a été interminable et j'ai eu l'impression désagréable que je ne retournerais jamais en France, que j'allais y mourir. Nous avons ensuite tourné à Nice, aux Studios de la Victorine. C'est là que j'ai fait la connaissance de Michel Galabru, qui m'a surnommée gentiment « Marguerite ». Pourquoi ? Je ne le saurai jamais mais ce surnom m'a suivie sur tous les films que j'ai tournés par la suite avec lui.

Michel Constantin a été le personnage le plus antipathique qu'il m'ait été donné de rencontrer dans le métier. J'ai connu des comédiens taciturnes, renfermés, discrets, réservés, mais toujours aimables. Là, j'ai découvert un mufle, au sens propre du terme. Un soir, après le tournage, je me suis retrouvée seule sans voiture pour descendre de la Victorine sur Nice, toute l'équipe étant déjà partie. Le directeur de production, Marc Goldstaub, a gentiment fait appel au seul véhicule disponible, celui de Jean-Pierre Marielle et Michel Constantin. Ce dernier s'est alors emporté et, désagréable, a lancé :

– Démerdez-vous, je ne suis pas là pour ramener les techniciens, ça n'est pas mon problème.

Jean-Pierre Marielle s'est interposé, choqué par son attitude :

– Mais quelle importance de ramener « le Petit Moncorgé » ? On a de la place, je ne vois pas le dérangement...

Constantin a été inflexible et catégorique. J'ai donc attendu patiemment de redescendre avec le directeur de production. Le soir même, croisant Jean-Pierre au snack du Negresco, celui-ci s'est excusé et m'a invitée à dîner :

–Je vois bien que tu es malheureuse sur ce film. Pourquoi n'en parles-tu pas à Georges ?

Je n'aurais jamais osé déranger Lautner pour des histoires aussi mesquines. J'ai vraiment éprouvé de la honte pour Constantin. Il faisait partie des « mange-merde » et des « loquedus » chers à mon père.

Quelque temps avant le début du tournage de *Deux hommes dans la ville*, Alain m'a téléphoné pour aller voir « le Vieux » à la campagne. Nous sommes partis tous les deux en voiture pour le déjeuner. Sur la route de l'Aigle nous avons été arrêtés par des policiers qui faisaient un sondage. Ils nous ont fait nous rabattre sur le bas-côté et nous n'avons pas pu échapper à tout un tas de questions dont je ne me souviens plus. Alain tentait de dissimuler son visage sous une casquette de mon père que je lui avais offerte mais, même avec ses lunettes noires, il avait été repéré. Je riais de le voir impuissant et résigné, mais il a joué le jeu.

Nous sommes arrivés en retard pour le déjeuner mais mon père, fidèle à ses habitudes, n'a pas sauté l'apéritif pour autant. Alain s'est vu servir d'office quatre ou cinq anisettes qui lui ont donné un pas chaloupé pour gagner la salle à manger.

Pendant le repas, il a posé à mon père une question qui le travaillait depuis quelque temps :

–Jean... j'aimerais que Flo joue votre fille dans le film...

L'effet de surprise a été total et a amené un refus catégorique de l'intéressé. Alain a insisté. Mon père a alors sorti une réponse toute faite dont il avait la spécialité et qui mettait un terme au débat avant que celui-ci ait commencé.

– C'est bien simple, si elle fait le film, moi je ne le fais pas !

Le repas très copieux et bien arrosé l'ayant quelque peu alourdi, Alain m'a confié dans un demi-coma :

– Après une journée comme celle-là, il va me falloir une semaine pour m'en remettre.

Depuis que je m'étais installée dans mes murs à Paris, mes parents n'étaient jamais venus me voir. J'ai profité d'un bon foie gras offert par l'entraîneur Georges Pelat, pour les inviter à dîner. J'ai été agréablement surprise que mon père accepte. Cet appartement, qui voyait passer un nombre impressionnant d'amis de tous horizons, était minuscule. Mon père, dans l'entrée, en occupait tout le volume. Il s'est assis sans broncher sur les matelas de mousse très bas et très inconfortables du mini-salon d'où il a glissé toute la soirée, mais il n'a fait aucune réflexion. Je crois qu'il était heureux d'être là. Au moment de partir, il a soulevé sa casquette et, en guise d'au revoir, m'a pudiquement glissé : « Chapeau ma fille, je suis fier de toi. »

Au visionnage du film *Deux hommes dans la ville*, le visage fatigué et las de mon père m'a frappée. À la fin du tournage, à Montpellier, il est tombé malade. Arrivé à la campagne, il s'est couché, le visage tourné vers le mur. Il ne mangeait plus, ne buvait plus, ne fumait plus. Ma mère s'est inquiétée. Le médecin n'a rien trouvé. Elle a alors appelé Alain, lui faisant part de son angoisse. Il lui a conseillé de le ramener à Paris pour voir un spécialiste.

Elle a embarqué mon père, toujours prostré, dans la voiture et elle a pris la route. À quelques kilomètres de Paris, il a aperçu la tour Eiffel et ma mère, interdite, l'a senti revivre. Il s'est comme réveillé d'un long sommeil et il a allumé une cigarette. Delon et Giovanni, accourus inquiets l'attendre, l'ont vu, médusés, descendre de voiture tout guilleret, comme si de rien n'était. Ma mère m'a avoué : « Finalement ton père est un vrai Parisien. Cet air lui manquait, ça ne fait aucun doute. » D'ailleurs, il ne quittait jamais la rive droite. Un jour où ma mère lui a suggéré d'aller habiter rive gauche, il s'est écrié, affolé : « Ouh là là... mais tu veux m'exiler ! » Il n'a plus jamais été question de passer la Seine.

Claude Pinoteau, qui venait de terminer avec Jean-Loup Dabadie le scénario de son nouveau film, *La Gifle*, m'a appelée. Le rôle de la fille de Lino Ventura et d'Annie Girardot avait été confié à une

Sur le tournage de *L'Année sainte* avec mon père, où je suis scripte, en 1975. *(photo D.R.)*

Avec Jean-Pierre Melville sur le tournage de *Un Flic,* en 1972. *(photo D.R.)*

1

1. - *Elle cause plus, elle flingue...*
de Michel Audiard avec
Annie Girardot, en 1972.
(photo Jean-Pierre Fizet/Angeli)

2. - *Les Granges brûlées*
avec Alain Delon, où je joue
le rôle de sa « femme »...
en 1973. *(photo D.R.)*

. - Sur *L'Année sainte,*
le premier jour de tournage
avec Jean-Claude Brialy,
en 1975. *(photo D.R.)*

. - « Les trois copines »
des *Granges brûlées...*
Entre Miou-Miou et Catherine
Allégret, moi, toujours
le chronomètre autour du cou
et la casquette de mon père
sur la tête, en 1973. *(photo D.R.)*

1

2

1. - Avec Montand sur *Le Grand Escogriffe* de Claude Pinoteau à Rome, en 1976. *(photo D.R.)*

2. - Moment de détente avec Sophie Marceau sur *La Boum II* de Claude Pinoteau, en 1982. *(photo D.R.)*

3. - *Un homme et une femme,* vingt ans déjà de Claude Lelouch. Sur la plage de Deauville, avec Charles Gérard, en 1986. *(photo Jean-Pierre Fizet/Angeli)*

4. - Sur le plateau de *L'Autrichienne* avec Pierre Granier-Deferre, en 1989. *(photo D.R.)*

3

4

1

1. - Au haras d'Engerville avec « l'hom
de ma vie », le vieux Barbour usé
dos et la casquette sur la tête, en
(photo journal Week-End).

2. - Mon père dans ses herbages de
la Pichonnière avec la percheronn
« Gamine » et ses laitières normand
en 1954. *(photo Guy Ferrier-Arsac)*

3. - Sur le champ de courses
de Moulins-la-Marche avec mes d
enfants, Christina 8 ans et Jean-Pa
4 ans, en 1986.
(collection privée)

2

4. - Mon père au volant de son premier
Massey-Ferguson flambant neuf,
en 1954. *(photo Guy Ferrier-Arsac)*

5. - « L'homme de ma vie » au haras
d'Engerville au volant de son
Massey-Ferguson, en 1989.
(collection privée)

3

4

5

Haras d'Engerville, Hugo coiffé du casque et de la toque de jockey, en 1992. *(photo Jean-Claude Marouzet)*

quasi-débutante au cinéma, inconnue du grand public, Isabelle Adjani, qui venait d'avoir 18 ans. Claude m'a donné rendez-vous dans un café où il présentait Lino à celui qui sera l'amoureux éconduit d'Isabelle, débutant lui aussi, Francis Perrin. Ce dernier deviendra un ami et je serai plus tard sa scripte, dans la logique des choses.

Pinoteau a été, à ma connaissance, le metteur en scène pygmalion du cinéma français. Les jeunes talents qu'il a « sortis » sont tous devenus des comédiens connus ou reconnus. Sans parler des deux stars que sont devenues Isabelle Adjani et Sophie Marceau, il y a eu sur *La Gifle* Nathalie Baye, Francis Perrin, Jacques Spiesser, et Richard Berry qui faisait là une de ses premières apparitions. Sur *La Boum 1*, Bernard Giraudeau, sur *La Boum 2*, Lambert Wilson et Zabou. *La Neige et le Feu* a fait connaître Vincent Perez et Géraldine Pailhas. Quant à Vincent Lindon, il a eu son premier grand rôle dans *L'Étudiante* aux côtés de Sophie Marceau. Il y a des metteurs en scène qui ont le nez pour ce genre d'exercice et Claude, en l'occurrence, avait celui de Cyrano. Le tournage de *La Gifle* a été un régal. Claude est de ceux qui font de trois mois de travail un plaisir toujours renouvelé. L'équipe était à son unisson et le rouage parfait. Maître incontesté de son découpage avec un souci excessif du détail, directeur d'acteurs plein de tact et à la précision rigoureuse, il signera pour la Gaumont quelques-uns de ses plus grands succès.

Isabelle s'est révélée tout de suite la grande comédienne qu'elle est devenue, déjà très à l'aise dans le registre du drame et de la tragédie. Écorchée vive et passionnée, elle a donné une réplique époustouflante de vérité et de sincérité à un Lino Ventura parfois déstabilisé qu'elle surprenait. Les rapports père-fille instaurés par le scénario sont devenus criants de crédibilité. Elle était à peine dégrossie et peu sophistiquée à l'époque, et nous avons assisté à la transformation du papillon sortant de sa chrysalide.

Dans le travail, Annie Girardot est quelqu'un de très attentif, à l'écoute de son réalisateur, toujours soucieuse de bien faire et mieux encore. Sur les deux films que j'ai eu le plaisir de tourner avec elle, je ne l'ai jamais vue s'opposer à ce qu'on lui demandait. Généreuse à souhait, elle donne souvent plus qu'on ne lui demande. Car Annie est la générosité même.

Omniprésente pendant les prises, elle repartait s'asseoir dans son fauteuil pour s'isoler dans son monde à elle où elle suivait son petit bonhomme de chemin, préoccupée par sa vie privée parfois houleuse qui prenait souvent le pas sur sa vie professionnelle. Je l'ai vue arriver certains matins énervée et perturbée mais, d'un revers de main et avec sa fameuse mimique désabusée, elle envoyait tout balader avec une philosophie toute relative, jusqu'à la fois suivante. Quant à Lino, fidèle à lui-même, ravi d'évoluer au milieu de cette jeunesse dont il se sentait un peu le *pater familias*, il préparait sur le plateau des spaghettis que toute l'équipe savourait ensuite. Très décontracté, toujours le sourire aux lèvres, relativisant les problèmes et calmant les susceptibilités, le premier assistant qui a eu le bonheur de coordonner brillamment tout ce petit monde s'appelait Élie Chouraqui.

C'est cette même année que mon père a enregistré la chanson *Je sais*. Sur fond musical, Gabin disait un testament intemporel écrit sur mesure pour lui par Jean-Loup Dabadie. Il eut le culot et le talent de ne l'enregistrer qu'en une seule fois, fait rarissime chez un chanteur. Son disque est entré au Top 50 et il disait très fier :

– Ma modestie dût-elle en souffrir, je suis coincé au hit-parade entre Johnny Hallyday et Eddy Mitchell !

Mon premier mariage a plus été basé sur une passion commune – le cheval – que sur le respect, l'estime ou l'amour. C'est en montant à Maisons-Laffitte chez l'entraîneur Georges Pelat que j'ai fait la connaissance de mon premier mari. Belle gueule, amuseur public, sans travail affiché, il avait à mes yeux une qualité primordiale : il montait à cheval comme un dieu. Toujours flanqué de son chien Voltaire – animal hors du commun s'il en fût – passionné de courses, il passait ses matinées à l'entraînement et ses après-midi sur les champs de courses, collectionnant avec succès les épreuves de *gentleman-rider*[4] et les aventures féminines. Je croyais avoir trouvé l'âme-sœur, mon *alter ego* dont le but était de s'installer, un jour, entraîneur à Chantilly. Au début, il me ramenait de Maisons-Laffitte à Paris dans sa vieille 2 CV brinquebalante et me faisait rire aux larmes. Mon père voyait d'un mauvais œil cette liaison. Il ne voulait pas en entendre parler mais, plus il se braquait, plus il me poussait dans ses bras. J'avais hérité de son caractère et nous étions aussi têtus l'un que l'autre. Ce garçon présentait deux graves défauts à ses yeux : il ne travaillait pas et était de petite taille. D'une naïveté à toute épreuve, j'ai cru pouvoir au moins changer sa faculté à se laisser porter par les événements et à se faire entretenir par les femmes.

Nous avons quitté Paris pour Chantilly et je me suis mariée le 19 août 1976, contre l'avis de mon père, à la mairie de Deauville. Lino Ventura, bravant les foudres paternelles, m'a accompagnée tendrement avec sa femme Odette, aux côtés de ma mère. Il l'a fait pour moi et en raison de son grand respect des valeurs amicales et familiales. Jusque-là, ma vie avec ce garçon avait été une succession de fêtes, d'amusements, de désinvolture, de légèreté, sans responsabilités et sans contrainte aucune, surtout pas celle de l'argent. Je le gagnais pour deux.

Après la naissance de nos deux enfants, j'ai dû faire face à nos nouvelles responsabilités. Dans tous mes rapports affectifs et sentimentaux j'ai recherché la tendresse. Cette foutue tendresse après laquelle j'ai couru et qui ne m'a jamais laissée la rattraper. Mais une femme qui assume comme un homme ne suscite guère ce genre de sentiment. À cavaler de film en film, je n'avais peut-être pas le profil adéquat. J'ai été obligée d'endosser les rôles de père de famille côté cour et de mère de famille côté jardin. Ces deux activités parallèles m'ont contrainte à un exercice de haute voltige entre vie privée et vie professionnelle. Au décès de mon père,

4. *Gentleman-rider* : jockey amateur non rémunéré, montant pour son plaisir et ayant une activité autre que le métier des courses.

La Pichonnière vendue, j'ai fait l'acquisition d'une écurie de 30 boxes et j'ai consacré mon temps entre deux films à chercher des clients pour les remplir.

Son laxisme dans la gestion et des propriétaires de chevaux qui ne payaient pas nous ont contraints à cesser notre activité. Et puis, un jour, par l'effet du hasard, j'ai découvert qu'il avait une liaison, parmi tant d'autres. J'ai reçu la vérité en pleine figure. Je n'ai d'un coup plus rien éprouvé pour cet homme qui venait de passer dix ans à mes côtés.

J'ai vendu l'écurie, quitté Chantilly avec des dettes et sans travail. J'ai emmené mes deux enfants pour les élever seule et proprement. Et comme je ne suis pas le genre à aller me prostituer pour boucler les fins de mois, les temps ont été difficiles et « le drapeau noir a flotté sur la marmite ».

J'ai fait la connaissance de Jean-Claude Brialy à la première de *La Gifle*, dans la file du cinéma Le Paris, salle qui n'existe plus aujourd'hui. Nous nous sommes présentés et nous ne nous sommes plus quittés. Lors d'un *Dossier de l'écran* consacré à Gabin en 1981, j'étais enceinte et je lui ai demandé s'il voulait être le parrain de « celui » ou « celle » qui allait naître. C'était pour moi l'occasion d'intégrer Jean-Claude à la famille. Il est devenu depuis mieux qu'un ami ou un frère, le compagnon fidèle des bons et des mauvais jours, un élément vital de mon existence. Le seul qui m'appelle « Florentine », comme le faisait mon père.

Durant toute l'année 1975, pas un film ne s'est profilé à l'horizon. Les fins de mois ont été difficiles, avec seulement quelques pommes de terre pour les boucler. J'ai alors reçu un coup de fil providentiel de Jean Girault, qui préparait *L'Année sainte* avec Gabin, et me demandait d'être sa scripte. J'étais alors brouillée avec mon père et j'ai mûrement réfléchi. Les tensions pourraient être terribles sur le plateau, et si quelqu'un devait le quitter, ça ne serait certainement pas lui. Mais j'avais besoin de travailler et j'ai accepté la proposition, non sans quelque anxiété. J'ai appris par la suite que Girault avait une scripte. C'était mon père qui lui avait demandé de m'engager.

Le second rôle du film n'était toujours pas distribué et j'ai proposé, sans trop y croire, qu'il soit attribué à Jean-Claude Brialy. C'est ainsi que je me suis retrouvée en famille sur ce film qui, s'il n'est pas resté un classique du genre, a bénéficié d'une ambiance chaleureuse et bon enfant.

Le tandem Gabin-Brialy a immédiatement « collé ». L'admiration que Jean-Claude portait à son aîné et l'amitié qu'il avait pour moi ont créé une symbiose bénéfique à tous.

Mon père, qui retrouvait son passé avec une Danielle Darrieux pétillante à souhait, a été sur ce film d'une humeur plutôt joyeuse. J'avais du mal à imaginer les ambiances tendues dont on m'avait parlé sur certains plateaux. Grâce à Jean-Claude, j'ai même obtenu une voiture neuve. J'avais fait l'acquisition pour 2 000 francs d'une vieille 2 CV rouge qui affichait au compteur 100 000 kilomètres mais qui devait certainement les dépasser. Elle avait un trou dans le plancher à hauteur de la pédale de débrayage. En cet hiver rude, la neige s'engouffrait par ce fameux trou et je calais souvent à 2 ou 3 heures du matin entre Orly et Chantilly. Je n'étais pas quelqu'un de difficile mais j'avoue que c'était quand même sacrément risqué. Jean-Claude pensait la même chose et insistait chaque jour auprès de mon père.

– Jean, vous ne pouvez tout de même pas laisser Florence rouler dans cette voiture...

Il venait ensuite me voir et me disait, confiant :

– Tu vas voir, tu vas l'avoir ta voiture.

C'est ainsi que je me suis retrouvée toute fière au volant d'une Audi 80 rouge-orange, la seule disponible rapidement en magasin !

Nos rapports père-fille ont été formidables. Mon père faisait appel à moi pour son texte et, geste touchant, après chaque « Coupez », il cherchait mon regard pour recevoir un avis de professionnelle. Je crois qu'il était heureux de m'avoir à ses côtés et, durant ce tournage, je l'ai vu très gai.

Un incident a cependant mis le feu aux poudres et cassé ce climat convivial une nuit durant. Mon futur mari était venu faire de la figuration à Orly et malgré sa petite taille mon père l'avait repéré immédiatement. Dès lors, le tournage est devenu un véritable calvaire et tout le monde en a pris pour son grade sur le plateau. Une pauvre journaliste belge venue faire une interview s'est vu traiter de tous les noms et a fini par s'entendre dire :

– Madame, vous êtes un hotu !

Mon père s'est tourné vers Jean-Claude afin d'en faire un médiateur, mais ce dernier, coiffé du chapeau de curé, a répliqué :

– Oh ! moi, Jean, vous savez, je ne veux pas porter le chapeau...

Tout le monde s'est précipité dans le dictionnaire pour savoir ce qu'est un « hotu » : un horrible poisson plat à chair fade et remplie d'arêtes !

Habituée à ces dénominations imagées, je m'étais retournée pour ne pas rire mais j'étais bien la seule.

Ce soir-là, le producteur Gérard Beytout, venu avec des amis afin de leur présenter Gabin à dîner pendant la coupure, a été rabroué d'une manière catégorique :

– Messieurs, quand je tourne, je ne mange pas au restaurant.

Ma mère, présente cette nuit-là, m'a confié un peu plus tard :

– Ton père a été franchement odieux.

Le premier jour de tournage avait été lui aussi quelque peu houleux. Mais mon père avait l'habitude de mettre une bonne fois pour toutes les points sur les « i » pour que la vitesse de croisière s'enclenche et qu'elle soit paisible et sans anicroches pendant deux mois. Il avait hérité d'une superbe caravane spacieuse et s'était aperçu – il voyait tout – que Jean-Claude avait un local très exigu pour se changer. Le verdict est tombé :

– Je ne tourne pas si Brialy n'est pas logé correctement.

Un grand affolement s'en est suivi. Le directeur de production a eu beau lui dire qu'il ne pouvait donner le même confort à son partenaire, mon père est resté sur ses positions. C'est alors qu'il a proposé à Jean-Claude de faire caravane commune. Et ce dernier, ravi mais intimidé tout à la fois :

– Mais Jean, ça ne va pas vous gêner ?

– Non, mais quand je me changerai tu te tourneras, parce que je te connais !

Cette anecdote racontée par l'intéressé lui-même a fait le tour du métier au grand amusement de tous.

Le Grand Escogriffe de Claude Pinoteau a pendant l'été 1976, marqué ma rencontre avec Yves Montand et Claude Brasseur. Ce film, à l'instar du *Silencieux*, raconte une cavale à travers la France. Partie de Chantilly *via* la Bourgogne, Nice, Menton et Gênes, elle s'est terminée par deux mois de tournage à Rome qui, malgré le travail énorme, furent pour moi deux mois de vacances. J'y ai découvert Cinecittà [1] où l'ombre de Fellini planait encore sur les plateaux et où, détail amusant, le bruit avait couru que j'étais la fille de Clark Gable. Assez fière d'être prise pour la fille de Rhett Butler, je ne pense pas avoir déçu en avouant être tout simplement la fille de Jean Gabin.

Rome, à mes yeux, a toujours eu une connotation magique et reste définitivement liée au nom de Montand. Personnage haut en couleur, au tempérament d'acteur dévorant, monstre « envahissant », Montand avait pour le métier une passion débordante. En recherche permanente de perfectionnisme, j'ai rarement vu quelqu'un autant au service du film, tout en gardant toujours un œil jaloux sur son propre personnage. Car Montand « bouffait » littéralement les autres, mais avec quel talent ! Sur le plateau, il ne laissait que les miettes. Il arrivait à retourner toutes les situations dans son sens par des pirouettes faussement naïves mais toujours géniales. *« Comediante, tragediante »*, il tirait les ficelles de tout avec une habileté désarmante, déstabilisante mais toujours lucide. Le charme avec lequel il enrobait tout cela faisait qu'on lui pardonnait tout. L'élégance qu'il dégageait était chavirante, c'était un véritable virtuose de la séduction verbale et physique. Ce rôle d'escroc charmeur et beau parleur très proche de celui du *Diable*

1. Cinecittà : studios de cinéma de Rome où ont été tournés une multitude de péplums dont *Ben Hur*.

par la queue avait été taillé sur mesure pour lui par Pinoteau et Audiard. Parfois sur un tournage, la scripte est l'objet de nombreuses sollicitations de la part des hommes autour d'elle : les opérateurs, le metteur en scène, et lorsqu'un acteur s'en mêle, cela devient quelquefois étouffant. Yves Montand m'avait prise sous son aile protectrice.

Peu de temps après le début du film, il a appris de la bouche de Pinoteau l'existence dans ma vie d'un futur mari :

– Eh quoi ?... Qu'est-ce que c'est ? Qui c'est ce garçon ?...

Claude est venu me trouver, ennuyé :

– Sois gentille d'éviter de parler de ton mariage devant Yves, ça le met de mauvaise humeur et la journée risque d'être compromise...

J'ai donc fait avec, et ses invitations à dîner resteront pour moi des souvenirs inoubliables :

– Oh !... Mais le « Petit Moncorgé[2] » qui ne connaît pas Alfredo. Je vais l'y emmener...

Le grand Alfredo[3], « El rei de Fetuccine », a sorti ce soir-là ses couverts en or pour retourner ses pâtes. Montand était son hôte et il se pliait en quatre. Il me parlait du métier et de lui-même, et j'étais fascinée par tant d'aisance, de faconde et de brio. À la fin du repas, il m'a offert une rose que j'ai gardée jusqu'à la fin du film. S'il avait voulu me séduire, il ne s'y serait pas pris autrement. Grand seigneur, avec sa maquilleuse Monique Archambault, il nous a sorties dans l'un des meilleurs restaurants de Rome. Monique m'avait prêté une robe pour la circonstance, car mes jeans n'étaient pas de mise chez Passeto ! Je devais quitter le film quinze jours avant la fin du tournage pour aller me marier à Deauville. La veille de mon départ, il a organisé en secret un apéritif somptueux. Claude Brasseur est arrivé déguisé avec une casaque de

---

2. Il prononçait toujours mon surnom de la façon dont on parle à un bébé.
3. Alfredo, baptisé « le roi des Fetuccine », est l'un des restaurants les plus en vue de Rome.

jockey, le sourire fendu jusqu'aux oreilles. Je ne sais pas où il avait été « dégoter » ce costume mais en tout cas il s'était donné du mal. Il portait dans ses mains un superbe cheval en argent, cadeau de toute l'équipe, gage de mon futur bonheur. J'ai été très gâtée, je l'avoue, et lorsque Yves s'est approché, le verre à la main pour trinquer, il m'a simplement murmuré :

– Tu vas me manquer, Petit Moncorgé...

L'été 1976 a été celui de la sécheresse. De Rome, j'avais régulièrement ma mère au téléphone. Elle m'avait raconté que tous les herbages étaient grillés en Normandie et qu'il fallait donner du fourrage aux bêtes. On puisait déjà sur les réserves de l'hiver. Mon père supportait mal la chaleur et n'était pas bien, mais rien ne laissait supposer que trois mois plus tard il nous quitterait.

Le 15 novembre, à 6 heures du matin, j'ai reçu un coup de fil inaudible de ma mère qui pleurait : « Allô... tu sais... papa... c'est fini... » Je n'oublierai jamais ces quelques mots. À partir de cet instant un grand trou noir s'est profilé devant moi. Je me souviens m'être levée et avoir été, telle une automate, dans la salle de bains. Les gestes quotidiens ne venaient plus, je suis restée devant la glace, statufiée, les yeux fixés sur moi-même. C'était un cauchemar et j'allais me réveiller.

Le premier télégramme a été celui de Daniel Wildenstein[1]. Je me souviens également que la première personne croisée dans les couloirs de l'Hôpital américain a été Tino Rossi. J'ai supposé qu'il

1. Daniel Wildenstein : le plus grand marchand de tableaux dans le monde, propriétaire d'une très grosse écurie de courses et d'un élevage. J'avais monté pour lui à l'entraînement.

était là pour mon père et je me suis présentée. Le Tout-Cinéma a défilé pendant deux jours dans cette chapelle ardente.

Les « charognards [2] » sont arrivés aussi, grimpant par-dessus les murs, violant notre intimité jusqu'à prendre des photos sous nos yeux. Quelques années plus tard, à la mort de son fils, Romy Schneider subira la même violence.

Par respect pour tout un peuple qui pleurait Gabin, il a fallu exposer le cercueil au cimetière du Père-Lachaise où une foule silencieuse et déférente a défilé toute une journée sans discontinuer dans le recueillement. Nous l'aurions laissé une semaine, une semaine durant la France lui aurait rendu hommage. Ils étaient venus qui en train, qui en car, qui en voiture, on n'en voyait pas le bout. C'est ce jour-là que j'ai compris à quel point mon père avait compté dans la vie de beaucoup.

Ses dernières volontés étaient que ses cendres soient jetées en mer d'Iroise, au large de la rade de Brest. Ces honneurs sont réservés aux marins de carrière et l'amiral Gélinet, camarade de guerre de mon père, a dû faire une requête auprès du président de la République, seul habilité à les autoriser. Valéry Giscard d'Estaing, dont nous avions reçu un télégramme de condoléances, a donné son aval.

Nous nous sommes retrouvés sur le *Détroyat*, un navire de guerre « aviso escorteur », entourés d'officiers de marine et de deux amiraux. Lino Ventura et Jean-Claude Brialy étant retenus à l'étranger, seuls Alain Delon, Gilles Grangier et Odette Ventura étaient présents à nos côtés. Les charognards avaient loué des bateaux et un hélicoptère pour nous suivre. Depuis le départ de Brest où le temps était clair, un albatros avait survolé le navire jusqu'en pleine mer. Celui-ci s'est immobilisé pour la cérémonie. Le ciel s'est tout à coup assombri. Je me suis avancée entre la haie d'officiers et, au coup de sifflet, j'ai lancé à la mer mon bouquet de

2. Charognards : paparazzis.

violettes [3] derrière cette petite urne dérisoire. Un « grain [4] » est alors survenu, fort et dru, et l'albatros a disparu pour ne plus revenir.

Quelques instants plus tard le soleil a réapparu. La disparition de Gabin a été à l'image de sa vie et de sa carrière : forte et impressionnante.

Le chagrin est survenu tout de suite, le manque un peu plus tard. Il est difficile de réaliser l'inacceptable.

Depuis ce jour, j'ai toujours eu l'impression très bizarre d'avoir été amputée d'un bras.

---

3. Les violettes étaient les fleurs préférées de mon père.
4. Grain : forte pluie de courte durée.

Jean Girault a été fidèle. Il m'a appelée pour les deux films qui ont suivi *L'Année sainte*. *Le mille-pattes fait des claquettes*, avec Francis Perrin, et *L'Horoscope*, où jouait Alice Sapritch, ne sont pas restés dans les annales des *Cahiers du cinéma* mais Girault a eu au moins le mérite d'être franc :

– On ne va pas gagner très bien notre vie avec ça mais tout de suite après j'ai un *Gendarme* en commande.

Effectivement, sur *L'Horoscope*, nous avons tous couru après « l'image pieuse » qui arrivait avec un lance-pierre et qui a donné lieu à certains accès de mauvaise humeur collective. Sur une route de campagne où nous tournions, j'ai moi-même laissé tomber mes cahiers par terre et je suis partie à pied sans me retourner. Je ne savais pas où j'allais, mais j'y allais ! Les machinos [1] m'avaient suivie. Le tournage s'est arrêté et Girault s'est précipité derrière moi :

– Attends, Florence, on va téléphoner, les chèques vont arriver aujourd'hui, ne fais pas ta mauvaise tête...

C'est vrai que j'ai un fichu caractère par moments et je n'ai jamais rigolé avec les histoires de « pognon ». Mais j'ai écouté Jean, tout d'abord parce qu'il n'y était pour rien, qu'il s'adressait

1. Machinos, électros : machinistes, électriciens.

toujours calmement aux gens avec le sourire et qu'il avait de l'humour, beaucoup d'humour.

Fin août 1978, nous nous sommes retrouvés à Saint-Tropez pour *Le Gendarme et les extra-terrestres.* Les gendarmes avaient un peu vieilli, Maurice Risch avait remplacé Jean Lefebvre, et Jean-Pierre Rambal Christian Marin, Maria Mauban devenait la femme de Cruchot à la place de Claude Gensac qui n'avait pu se libérer. L'ambiance a été joyeuse et conviviale. Le producteur Gérard Beytout avait fait les choses en grand : les soucoupes volantes avaient été exécutées chez Matra et nous sommes restés deux mois à Saint-Tropez sans travailler les week-ends. Sur son contrat les assurances avaient été strictes avec Louis de Funès, il devait, suite à son infarctus, se reposer deux jours pleins.

J'avais laissé ma fille, âgée de 7 mois. Lorsque je me suis retrouvée devant elle et que je lui ai tendu les bras, elle s'est réfugiée dans ceux de sa nounou. J'étais effondrée. Pendant ces deux mois la contrariété de ne plus la voir m'avait fait contracter un ulcère à l'estomac sévère et je me suis jurée de ne plus accepter de tournages aussi longs en extérieur. J'ai tenu promesse.

Quelque temps après avoir commencé le *Gendarme*, j'ai appris que Louis de Funès m'avait imposée dans son contrat. Surprise, j'ai cherché à en avoir l'explication. Il avait travaillé avec mon père sur *La Traversée de Paris*, *Le Gentleman d'Epsom* et *Le Tatoué.* Les deux premiers tournages s'étaient fort bien passés, le troisième avait été plutôt houleux. Ces deux acteurs étaient à l'époque du *Tatoué* à égalité dans l'échelle des valeurs du métier, ce qui veut dire même nombre de plans, mêmes caravanes, mêmes chambres d'hôtel et, très souvent, mêmes cachets. Tout avait bien commencé. Le premier jour de tournage, de Funès, un peu inquiet, qui redoutait cet affrontement cinématographique où chacun allait chercher sa place face à l'autre, s'en est ouvert à son ami et attaché de presse Eugène Moineau. C'est alors que Gabin a demandé à le voir dans sa caravane. L'entrevue a duré près d'une heure et de Funès en est sorti le sourire aux lèvres, fou de joie, enthousiaste et soulagé.

– C'est formidable, confia-t-il à Eugène Moineau, nous allons faire une équipe parfaite et ce tournage va être fantastique.

Quelques jours plus tard, Louis avait même organisé pour la Saint-Gabin une petite fête pour son partenaire. Les « staffs » des stars de l'époque, maquilleurs, habilleurs et coiffeurs, avaient alors une influence considérable sur leurs vedettes. Ils étaient souvent investis d'un pouvoir sur elles au point même de s'y identifier. Eugène Moineau a été le témoin de l'incident qui avait mis le feu aux poudres.

Un jour, en projection, le maquilleur de Louis de Funès a poussé un cri :

– Louis, on ne voit pas tes yeux !

Puis il s'est penché à son oreille :

– Je suis certain que c'est Gabin qui a demandé à ce qu'on mette un filtre pour cacher tes yeux bleus.

Louis de Funès était un homme gentil. Il n'a pas senti le machiavélisme de cette réflexion et il s'est laissé berner. L'habilleuse de Gabin a ajouté de l'huile sur le feu, la guerre était déclarée et les rapports entre les deux acteurs se sont détériorés au fil des jours. Ils faisaient table à part à la cantine le jour et hôtel à part la nuit. Dure réalité pour le metteur en scène Denys de La Patellière dont la tâche n'a pas été aisée.

Je n'aime pas ce film où mon père frise le ridicule. Face à un de Funès très à l'aise dans son personnage, on trouve un Gabin en décalage avec ses rôles habituels, et qui en fait des tonnes pour exister face à un génie de la comédie.

La face rubiconde non maquillée, ayant énormément grossi, caricatural à l'extrême, il y est très proche des personnages de Molière qui n'ont jamais figuré à son répertoire. Eugène Moineau a eu raison de dire qu'il y avait eu une erreur de casting dès le départ : les deux rôles auraient dû être inversés.

Nous avions eu droit sur *L'Année sainte* au même genre de problème à propos des yeux. Le premier soir de la projection des *rushes*, l'équipe technique réunie a soudain entendu dans le noir la voix de Gabin, lourde de conséquences :

– Où qu'ils sont mes yeux... ? J'ai fait toute ma carrière sur mes yeux. Où qu'ils sont, hein... ? Où qu'il est le chef opérateur... ?

J'ai toujours eu dans ces cas-là une pensée émue et solidaire pour le directeur de la photo, qui devait avoir « le palpitant à zéro ». Le lendemain un petit spot spécial était installé au-dessus de la caméra. J'ai imaginé quelles avaient pu être les affres du chef opérateur de *L'Arnaque* avec Paul Newman et Robert Redford, film où on assiste à un festival d'yeux bleus !

Louis de Funès m'a avoué qu'il avait été très chagriné de cette mésentente et c'est probablement la raison pour laquelle il avait tenu à m'avoir à ses côtés sur un plateau. J'ai rarement rencontré un monsieur aussi courtois et aussi discret. Professionnel à l'extrême, avec cette qualité qui devenait presque un défaut : le souci de la perfection.

Il recherchait lui-même le gag, le détail génial qui feraient mouche et ceux-ci arrivaient quelquefois au bout de plusieurs prises. Il riait souvent de ses trouvailles et les améliorait sans cesse jusqu'à leur entière réussite. C'était quelqu'un de fidèle, il s'entourait toujours de ses vieux complices des débuts. Michel Galabru ne tarissait pas d'éloges à son sujet. C'était dans le fond quelqu'un d'assez réservé et d'assez timide mais bourré d'humour.

Il n'était pas démonstratif mais ceux qu'il aimait et qu'il appréciait le savaient par des petits gestes et des paroles bien ciblées. Mon petit siège de scripte se trouvait toujours sous la caméra et, alors que j'étais occupée ailleurs, il venait sournoisement donner un coup de pied dedans pour le renverser avec une grimace dégoûtée. Il attendait ma réaction, riait de sa petite farce, ça le mettait de bonne humeur, et moi aussi.

C'est également lui qui a été l'instigateur du Prix Jean-Gabin décerné chaque année, en février, à un jeune comédien prometteur. Il avait confié à Eugène Moineau :

– Il ne reste rien pour célébrer le souvenir de Gabin, pas même un lieu où se recueillir, ses cendres reposent en mer d'Iroise. Ça serait bien de créer un prix à son nom.

En 1981, le premier Prix Jean-Gabin a été décerné à Thierry Lhermitte. Depuis, la liste est éloquente et jusqu'au dernier lauréat, Benoît Poelvoorde, elle représente le cinéma français d'aujourd'hui[2].

Je suivis Louis de Funès, l'année suivante, pour *L'Avare*, toujours sous la houlette de Jean Girault. Louis rêvait d'interpréter Harpagon qui était finalement l'amalgame de tous les personnages qu'il avait joués jusqu'alors. Ce fut la dernière fois que je tournai avec lui. En 1981, il m'avait redemandée pour *La Soupe aux choux* où il changeait pour la première fois d'emploi en jouant un rôle plutôt charmant. Enceinte, j'ai décliné son offre à mon grand regret. En 1982, il a réitéré sa proposition pour *Le Gendarme et les Gendarmettes* mais Claude Pinoteau tournait alors *La Boum 2* aux mêmes dates. Louis s'est absenté pour toujours le 27 janvier 1983.

J'ai vécu l'aventure de *La Boum 2*. Claude m'a raconté comment il avait choisi son adolescente de 13 ans qui allait, six ans après Isabelle Adjani dans *La Gifle*, soulever l'enthousiasme de la jeunesse jusque dans les salles du Japon. Sophie Marceau avait été choisie au milieu d'un casting d'un millier de jeunes filles pour finalement arriver à la sélection finale parmi une centaine de candidates, dont Emmanuelle Béart, Mathilda May et Sandrine Bonnaire. Claude avait choisi Sophie, certes sur son physique et son don inné de la comédie, mais aussi sur un trait de caractère qui lui avait plu, à savoir le détachement vis-à-vis d'un événement qui, *a priori*, ne semblait pas vital pour elle.

Au milieu de la plupart des jeunes filles convoquées avec leurs parents, impatientes et déterminées, elle semblait en décalage. Arrivée à l'audition en début d'après-midi, voyant les autres candidates assises, attendant anxieusement, elle a fait demi-tour pour

2. Voir en fin d'ouvrage la liste de tous les lauréats du Prix Jean-Gabin.

revenir dans la soirée. À sa sortie du bureau, Pinoteau s'est tourné vers ses collaborateurs :

– Ça y est, je crois qu'on la tient, notre Vic[3] !

Sophie est quelqu'un de naturellement doué. Sa spontanéité et son innocence dans ce métier de requins la rendaient sympathique à tous. Réservée par rapport aux autres sur le plateau et en général vis-à-vis des gens, elle avait une sorte de détachement qui lui a permis de garder la tête froide et de s'isoler pour ne pas se laisser envahir.

Je n'ai noté chez elle aucun caprice ni aucune revendication saugrenue durant les trois mois de tournage. Attentive et concentrée, appliquée mais sans se donner complètement, malgré un caractère affirmé, elle restait malléable pour Claude Pinoteau qui, il faut le dire, nageait comme un poisson dans l'eau avec les jeunes acteurs et les problèmes d'adolescents face à leurs parents. Sophie jouait juste mais était en attente de conseils de la part de son mentor et metteur en scène. Claude n'avait qu'une obsession, celle que Sophie ne grossisse. Il venait s'en ouvrir à moi afin que le message soit perçu par mon entremise. Je n'ai jamais osé aborder le sujet avec elle.

Vingt ans plus tard, je lui ai raconté l'anecdote dont elle a beaucoup ri.

J'ai retrouvé sur ce film Claude Brasseur avec qui j'ai noué une amitié que je qualifierais de fraternelle au même titre d'ailleurs que Mathilde Seigner, la « frangine » que je me suis choisie. Nos père et grand-père ne faisaient-ils pas partie de la même famille et de cette génération d'acteurs magnifiques et généreux qui font aujourd'hui cruellement défaut au cinéma français ?

Tourné en mai 1983, *Le Bon Petit Diable* a été, sentimentalement, le film qui m'a laissé le plus de souvenirs et des amitiés

---

3. Vic : prénom de Sophie Marceau dans *La Boum*.

solides dans le métier. Ce film nous a transportés au bout du monde, à La Hague, dans la Manche. « Ce pays comme une île », comme disent les prospectus touristiques. Cette région sauvage et tourmentée, balayée par les vents, aux landes couvertes d'ajoncs et de genêts, aux falaises vierges de toute vie où les vagues viennent se cogner en moussant contre les rochers noirs, et où une multitude de petits champs séparés par des murets de pierre où paissent des moutons nous transportent en Irlande, était propice à la mélancolie.

Le décor était planté, il donnera l'ambiance du film. Cette lumière si particulière à cette région normande méconnue permettra au chef opérateur Jean-François Robin de « peindre » de magnifiques tableaux.

Le raffinement et la rigueur esthétique de Jean-Claude faisaient merveille. Il tenait son équipe de main de maître et j'ai découvert un metteur en scène exigeant et performant dans toutes les situations, qui se faisait respecter.

Parallèlement, Jean-Claude créait une ambiance décontractée et rigolote où son principal souci était de savoir « qui est avec qui ? ». Sa spécialité était de créer des couples sur ses films et il arrangeait les rencontres par des sous-entendus dont il était le roi. Il fabriquait des familles dans la déjà grande famille du cinéma.

L'isolement dans lequel nous avons travaillé durant deux mois, la pluie et la boue omniprésentes, le tournage dans des fermes moyenâgeuses taillées dans le granit et qui avaient à peine l'électricité, nous avaient tous rapprochés les uns des autres.

Nous avons vécu au XIXe siècle à l'image de la mère Mac Miche, alias Alice Sapritch qui trônait comme une reine au milieu de tout son petit monde et qui n'était pas la dernière à s'amuser.

Bernadette Lafont, sa vieille complice de la Nouvelle Vague, avait mis Jean-Claude dans sa poche. Michel Creton et Philippe Clay passaient leur temps à faire des concours de bons mots et le tournage prenait avec eux des allures de kermesse. Plutôt décontractés, ils se sont souvent fait taper sur les doigts par le « grand chef » qui réclamait de leur part plus de sérieux pendant les prises. Pour Jean-Claude, le travail était le travail et on plaisantait après. Je l'ai souvent vu piquer des colères terribles.

Michel et Philippe avaient une scène où ils s'éloignaient dans une charrette de mariage. Le texte lointain n'était audible qu'avec les casques de l'ingénieur du son. Celui-ci et moi-même avions donc seuls la possibilité d'entendre les dialogues. Par hasard, ce jour-là, Jean-Claude avait lui aussi « chaussé » un casque mais les deux acteurs ne l'avaient pas remarqué. En plein milieu d'une phrase, Philippe s'est « planté » dans son texte et Michel a lancé à l'intention de son camarade un jovial : « Amis du cogitum, bonjour !... » Ils ont continué en plaisantant tous les deux, sans penser au son enregistré. Connaissant d'avance sa réaction, je me suis tournée, inquiète, vers Jean-Claude. Elle a été terrible et l'équipe est rentrée sous terre.

Nous avons eu, à l'égal d'un vieux couple, des situations conflictuelles où il clôturait le débat en me disant : « Tu m'emmerdes avec tes raccords ! » Le système des « regards » au cinéma – Untel regarde Untel à gauche, l'autre regarde à droite –, l'a toujours profondément irrité. Lors de ces mises au point qui représentaient à ses yeux une perte de temps, il tournait les talons, impatient :

– Quand vous aurez terminé vos conneries vous m'appellerez ?

Il revenait cinq minutes plus tard :

– Bon, alors c'est fini ?...

– Oui, Jean-Claude, c'est fini.

– Monsieur Robin et mademoiselle Moncorgé, on peut tourner si ça ne vous dérange pas trop ?... Est-ce que je peux travailler avec mes ACTEURS ?...

Il appuyait exprès sur le mot acteurs pour bien montrer qu'on le gênait. Je lui faisais un peu la gueule pour marquer le coup. Il revenait vers moi, contrarié :

– Bon, tu vas pas faire la tête toute la journée...

Je ne lui répondais pas, vraiment fâchée. Une heure plus tard, il venait me demander un conseil à propos du scénario :

– Dis donc, la Florentine...

L'incident était oublié et la Florentine avait retrouvé le sourire.

Il me lançait alors :

– Qu'est-ce que tu peux être emmerdante !

Les repas fruits de mer et vin blanc ont été légion sur ce tournage, mais j'avais du mal à suivre ces fêtes qui se terminaient tard dans la nuit. Les horaires de tournage étaient matinaux, j'étais au lit à 21 h 30. Je n'oublierai jamais un prêt-à-tourner à 5 heures du matin pour filmer le lever de soleil sur le plus petit port de France : Port-Racine. Comme je n'ouvre jamais le « diaph[4] » avant midi, je suis restée muette devant ce spectacle pourtant magnifique et plutôt rare sur ce tournage pluvieux.

J'aurai deux coups de cœur, deux Francis, deux hommes de théâtre : Francis Perrin et Francis Huster. Chacun à sa manière m'apportera une certaine tendresse. Passionnés des planches au point d'avoir mis un certain temps leur vie privée entre parenthèses, ils ont chacun tenté une incursion dans le cinéma et chacun dans un genre différent.

Le Joli Cœur, de Francis Perrin, tourné en 1983, a été une comédie légère à l'image de son réalisateur. Francis ne s'est jamais pris au sérieux et surtout ne restait pas sérieux bien longtemps. Toujours le sourire aux lèvres, il lançait et saisissait la plaisanterie au bond, avide qu'on lui renvoie la balle, comme au tennis qu'il pratiquait fort bien. Il en riait lui-même. Interprète idéal de Molière ou de Feydeau, à l'aise dans les situations cocasses et les quiproquos, je n'ai jamais pu imaginer Francis dans un rôle dramatique et pourtant il peut être émouvant. Est-ce son langage saccadé et son léger bégaiement qui ont empêché les metteurs en scène d'avoir des idées ? Francis a toujours aimé s'entourer de jolies femmes et, en l'occurrence, ce fut Cyrielle Claire l'élue de ce *Joli Cœur* avec qui je nouerai des relations sincères et amicales.

« Le Ventura nouveau est arrivé. » C'est en ces termes qu'un journal avait annoncé *La Septième Cible*, tournée en 1984 et qui sera

4. Diaph : diaphragme.

ma dernière collaboration avec Claude Pinoteau. Cette énorme production de la Gaumont nous a permis de tourner en studio et nous a offert des billets gratuits pour le mur de Berlin que nous avons « tutoyé » huit jours et uniquement de nuit. Ce court séjour en Allemagne ne me laissera pas un souvenir impérissable, j'y ai été malade huit jours, à ne pas pouvoir manger. Même avec toute la gentillesse et la compréhension de Lino, qui m'avait invitée à manger des pâtes qu'il préparait lui-même dans sa caravane ou chez lui, ce film ne m'a pas apporté les plaisirs habituels des tournages : je venais de me retrouver seule avec deux enfants à charge. Le casting réunissait, autour de Lino, Jean Poiret, Lea Massari et Béatrice Agenin. Sophie Marceau avait accepté par amitié envers Claude Pinoteau le rôle de la fille adoptive de Lino qui ne représentait que quelques jours de tournage. J'étais heureuse à l'idée de la retrouver.

Elle venait de signer pour *L'Amour braque* d'Andrzej Zulawski et elle avait la possibilité d'enchaîner les deux tournages. Par un concours de circonstances dont elle n'est aucunement responsable, elle n'a pu honorer son contrat avec nous. Sophie – elle n'avait que 16 ans et pas d'agent – s'est retrouvée comme un pion sur un échiquier, manipulée par la Gaumont qui l'avait prise dans un étau. Elle est venue elle-même, désolée, s'en expliquer à Claude Pinoteau le jour du tournage. Lino était assis dans son fauteuil, « à l'heure, maquillé, prêt à tourner, sachant son texte ». Cette phrase que lui avait soufflée Gabin au début de sa carrière en ajoutant « On est payé pour ça », il en avait fait une ligne de conduite. Voyant que les choses n'avançaient pas, il s'est levé et a dit calmement :

– Bon, les enfants, quand vous serez prêts, vous viendrez me chercher !

Sophie a tenu bon devant Pinoteau. Elle est repartie seule en taxi, personne ne l'a raccompagnée. Claude s'est effondré sur les caisses caméra, le visage entre les mains. Lino, alerté, s'est approché de l'équipe et avec un franc-parler où pointait un zeste d'humour a balancé :

– Eh bien ! maintenant les gars, il va falloir trouver une autre actrice...

Pinoteau avait le numéro de téléphone d'Élisabeth Bourgine et nous avons vu arriver le jour même une frêle jeune fille, son petit bouquet de fleurs dans les mains, tremblante à l'idée de donner la réplique à Lino Ventura sans y avoir été préparée. Élisabeth a appris son texte au pied levé et la journée de tournage a été sauvée. Juste retour des choses, Élisabeth Bourgine a reçu pour ce rôle le Prix Romy-Schneider...

J'ai toujours beaucoup apprécié Jean Poiret et ce tournage m'a confortée dans mon opinion sur l'homme. D'une disponibilité et d'un optimisme à toute épreuve, il amenait l'ambiance et la joie de vivre sur le plateau. Le talent, l'esprit, l'aisance et le charme qu'il dégageait m'ont laissée admirative. Il était particulièrement séduisant. J'ai été fascinée par ses yeux : je n'en avais jamais vu d'aussi bleus.

Il prenait la vie du bon côté et le fait qu'une nuit de tournage l'équipe ait déménagé et l'ait oublié dans un hôtel où il se reposait ne l'a pas pour autant perturbé. Sautant tout joyeux dans ma Diane[5], frais et dispos, je l'ai déposé sur les chapeaux de roues devant l'équipe ahurie de son oubli.

– ... Merci les gars d'avoir pensé à moi, ça fait plaisir d'être indispensable. Heureusement que la scripte était là pour faire la « voiture-balai[6]... »

---

5. Diane : voiture ressemblant à la 2 CV, un peu plus perfectionnée !

6. Voiture-balai : dernière voiture qui quitte le tournage et vérifie que plus personne ne traîne.

Après *La Septième Cible*, j'ai réintégré Paris où je suis restée huit mois à flirter avec les Assedic. Et puis, en juillet 1985, j'ai pris l'avion pour Côme où j'ai découvert un nouveau réalisateur, Jean-Michel Ribes. *La Galette du roi*, que l'on peut qualifier de folle comédie, avait réuni un casting éloquent et hétéroclite. Jean Rochefort, Eddy Mitchell, Roger Hanin, Pauline Lafont, Jean-Pierre Bacri, Philippe Korsand, Pierre-Loup Rajot et Laurent Spielvogel ont formé une bande bien sympathique mais souvent difficile à gérer où chacun amenait sa propre folie. Et dans cette cacophonie où tout le monde parlait en même temps de ses préoccupations personnelles, chacun s'écoutait et personne n'écoutait l'autre. Eddy Mitchell, Jacques Villeret et Philippe Korsand refaisaient souvent le monde à 2 heures du matin au bar de l'hôtel tandis que Jean Rochefort, après un repas très frugal car il était au régime, partait se coucher en rêvant à ses petits chevaux. Il m'avait d'ailleurs dit une fois en plaisantant :

– Tu vois, Moncorgé, c'est avec toi que j'aurais dû me marier, on aurait été très heureux et on aurait eu plein de petits chevaux...

Roger Hanin me parlait de ses souvenirs de tournage avec Gabin pour qui il avait gardé une infinie tendresse. Jean-Pierre Bacri survolait le tout d'un air détaché, avec un petit sourire d'où se dégageait déjà son fameux cynisme.

J'ai connu des lendemains difficiles où les machinos étaient obligés d'attacher au sol avec du gaffeur[1] les pieds de certains comédiens en mal d'équilibre...

Ribes avait une équipe technique « en béton » et il le fallait car nous avons souvent tourné à trois, voire quatre caméras. Je n'avais pas de stagiaire et le nombre de comédiens regroupés dans chaque plan ajouté au nombre de caméras ne m'ont guère laissé le temps de regarder les mouches voler ! La chaleur aidant, le cadreur carburait à la bière et la dolly[2] était à la fin de la journée jonchée de canettes et de bouteilles. Il s'arrachait quelquefois les cheveux qu'il n'avait pas nombreux, mais il a fait de véritables prouesses.

Le producteur Ariel Zeitoun mettait parfois la main à la pâte en tenant la quatrième caméra. Le chef opérateur travaillait comme un zombi et avec ses machinos avait bien du mal à s'y retrouver dans les marques au sol que chaque comédien devait respecter.

Une coordination et une discipline terribles ont été nécessaires à tout ce petit monde et Jean-Michel Ribes, très à l'aise, parfaitement maître de la situation, dans un grand calme, a ménagé avec brio les susceptibilités de tout un chacun en gardant toujours un œil lucide sur son scénario. J'ai, je dois le dire, été très admirative de ce numéro de trapèze volant mais j'ai supposé qu'il a dû être soulagé lorsqu'il a lancé le dernier « Coupez ! » du film.

Ma rencontre avec Claude Lelouch s'est faite grâce à Charles Gérard, un an avant le tournage de la suite de *Un homme et une femme*, sur un circuit automobile, à Turin. Je pense que ce qui l'avait amusé lors de notre rencontre, était le fait qu'étant scripte, j'avais une liaison avec un cascadeur, pilote automobile de surcroît : on était en plein dans le sujet de *Un homme et une femme* et la

1. Gaffeur : rouleau de papier collant très large et très résistant servant à tout sur un tournage et particulièrement à faire des marques au sol pour les comédiens.
2. Dolly : chariot supportant la caméra et permettant par un système hydraulique de lever et de baisser celle-ci.

réalité rejoignait la fiction. Il m'a alors proposé d'être sa scripte. Inconditionnelle de son cinéma, j'ai accueilli sa proposition avec enthousiasme. Les deux tournages que j'ai faits avec lui – *Attention, bandits* sera le second – ont été pour moi une succession de bonheurs cinématographiques.

Claude Lelouch est incontestablement la vedette de ses films. Je m'en suis rendu compte par les tournages en extérieur où d'habitude les badauds s'arrêtent, fascinés par les acteurs ; là ils ne quittaient pas le metteur en scène des yeux. Lelouch ne vit que pour et par le cinéma au point de l'imbriquer dans sa vie privée. Ne l'intéresse que ce qui touche au 7e art et il ne vit vraiment « sa vie » qu'en tournant. Il est l'amant de sa caméra qu'il manie avec brio et tous ceux qui ont essayé de le copier n'ont été que de pâles imitateurs.

Sa caméra est pour Lelouch ce que son épée est au chevalier, un objet de vénération et d'admiration. Elle est son Excalibur. Et comme pour le chevalier, à la lame de son épée, il a conquis ses dames à l'objectif de sa caméra. Lelouch tombe amoureux de ses actrices parce qu'il ne peut en être autrement. Elles seules peuvent l'accompagner hors tournage pour réaliser tous ses fantasmes.

Lelouch, l'homme ou le cinéaste, on aime ou on n'aime pas, il n'y a pas de milieu. On adhère à son monde ou on n'y rentre jamais. L'enthousiasme communicatif avec lequel il embarque son équipe dès le premier jour est grisant. Il ne se remet jamais en question. Il tourne jusqu'à ce qu'il n'y ait plus de pellicule dans le chargeur, mettant ses comédiens en instabilité totale par un texte écrit le matin même. On assiste à la « vraie vie » par le biais d'un prestidigitateur de génie dont la baguette magique est une caméra.

Lelouch ne prononce jamais le mot : « Coupez ! » À la fin de chaque prise, on entend au gré de son humeur : « Formidable ! », « Géniale ! », « Magique ! »... Je l'ai même entendu dire :

– Celle-là, les gars, elle est magique. Vite, deux motards pour m'escorter, je la porte moi-même au labo...

Il se cache derrière tout cela une certaine mégalomanie mais nombre de ses confrères et non des moindres ont possédé ce travers facilement pardonnable dans ce métier, à commencer par Jean-Pierre Melville.

Mon travail avec lui a été très simple, il s'est borné à noter les métrages de la caméra, ce qui n'était pas une mince affaire puisque sur *Un homme et une femme : vingt ans déjà* nous avons dépassé les 100 000 mètres... Il filmait en plans-séquences, tournant comme à son habitude autour des personnages, ce qui ne nécessitait aucun raccord, donc aucun travail pour moi. J'ai toujours expliqué aux stagiaires qui me posaient des questions qu'avec lui elles n'apprendraient rien sur leur métier : Lelouch, c'était tout le contraire des règles établies au cinéma et c'était justement ce qui en avait fait une star.

J'ai plus été une présence féminine et une confidente de plateau qu'une scripte. J'ai senti qu'il aimait bien que je sois présente le matin au café tandis qu'il s'isolait pour réécrire son texte. À la coupure, il ne mangeait pas ou à peine et j'avalais un yaourt vite fait afin de le suivre au pas de charge dans la préparation du plan de l'après-midi.

Son chef opérateur, la bouche encore pleine, la serviette de table à la main, nous emboîtait le pas. Car si José Giovanni grimpait, Claude Lelouch, lui, marchait beaucoup. Les producteurs de cinéma ont toujours exigé entre trois et cinq minutes d'utiles par jour pour une quinzaine de plans en moyenne. Lelouch les dépassait largement à raison de quatre plans-séquences. Il est son propre producteur et les conditions de tournage avec lui ont toujours été larges et confortables.

Sur le tournage d'*Un homme et une femme : vingt ans déjà*, où l'équipe et les comédiens ont été logés à l'hôtel Normandy, à Deauville, c'était la première fois que je descendais directement de ma chambre à midi moins le quart pour tourner dans le hall de l'hôtel à midi. Lors d'une journée de tournage sur la plage, il m'a fait un beau cadeau. Quelque temps auparavant, il m'avait chargée de lui trouver deux chevaux en « figuration ». Le matin du tournage il m'a annoncé :

– Aujourd'hui, tu donnes tes rapports à l'assistant, tu vas monter un des chevaux toute la journée

La plage de Deauville, le cinéma et le cheval tout à la fois, que pouvais-je demander de plus ? Sa marque de confiance a même été jusqu'à me demander de trouver un cheval de selle pour sa femme. Lelouch m'a également donné la chance de rencontrer Jean Yanne, qui a été un bien convivial compagnon de tournage. Avec le ton corrosif qu'on lui connaît, il tournait tout à la dérision.

Après *Attention, bandits*, je n'ai plus jamais entendu parler de Claude Lelouch et je me suis simplement dit que, à l'instar de Jean-Pierre Melville, il avait eu envie de changer de tête.

J'habitais encore Chantilly lorsqu'une idée de court-métrage m'est venue. Elle cadrait très bien avec le contexte du Festival du cheval et du cinéma de cette ville. Partant du bruit d'un clap qui se ferme et des boîtes de départ [1] qui s'ouvrent, j'ai écrit un parallèle entre un jockey avant, pendant et après la course, et un comédien à l'identique sur un tournage. Ces deux spécialités le concernant, j'avais dédié ce film à mon père. Ne pensant pas une seconde le réaliser, je l'ai proposé à ma sœur, qui avait fait des débuts prometteurs de réalisatrice. Cette dernière a décliné mon offre et je me suis retrouvée sceptique devant ces quelques pages. Ayant beaucoup d'estime et d'admiration pour Jean-François Robin [2], je lui ai fait parvenir le synopsis pour avoir son opinion. Il m'a répondu positivement, trouvant le sujet amusant et propice à de belles images.

Le concept était de filmer les jockeys et les chevaux dans l'effort en gros plans en utilisant le long de la piste une voiture *travelling*. L'idée, osée et originale à l'époque, surtout en 35 mm, a depuis

1. Boîtes de départ : petites « cages » où sont placés les chevaux pour le départ d'une course.
2. Jean-François Robin : chef opérateur de Beineix et de Sautet.

fait florès sur les chaînes de télévision. Il ne me restait plus qu'à trouver un producteur et surtout le déclic pour tourner. Ce déclic, c'est Claude Lelouch qui me l'a offert par sa méthode de travail caméra main, à la manière d'un reportage, offrant un maximum de liberté. Je n'avais ni le temps ni l'argent pour répéter et il fallait tourner vite. La Société des courses, France Galop, m'a semblée compétente pour intégrer ce court-métrage à sa politique publicitaire et après un tour de table des hautes instances, le projet a été approuvé et le budget voté.

Le 35 mm a toujours demandé un investissement assez lourd et le coût de l'opération s'est monté à 300 000 francs. J'ai alors pensé que je pouvais adjoindre à l'aventure un partenaire de cinéma capable de s'investir sentimentalement et financièrement sans retour de capitaux puisque le court-métrage est depuis toujours pour les producteurs un coup d'épée dans l'eau. Son seul but est de faire connaître un réalisateur. J'ai appelé Alain Delon pour lui raconter mon histoire. Il ne m'a même pas laissé finir ma phrase :

– ... Écoute, Flo, si c'est un hommage au « Vieux », je te dis oui tout de suite sans avoir rien lu et je te fais confiance les yeux fermés.

Belle preuve d'amitié et de tendresse, ce feu vert m'a confortée mais quelque peu angoissée. Allais-je être à la hauteur de l'aventure ? Jean-Paul Belmondo ayant accepté de se laisser filmer sur *Le Solitaire* de Jacques Deray et Yves Saint-Martin d'être le jockey, cinq jours de tournage ont été nécessaires et je remercie aujourd'hui Francis Huster et Claude Lelouch de m'avoir donné chacun une « journée de congé » pour tourner. Alain a vu la finalité du premier montage sans musique ni son. Lorsque la lumière de la salle de projection s'est rallumée, je n'en menais pas large et j'attendais son verdict le cœur battant. Il s'est tourné vers moi, faisant durer le suspense quelques secondes et, avec un grand sourire :

– ... Je suis fier de toi et je vais même l'accrocher à mon prochain film.

Ouf ! j'avais réussi mon examen de passage.

La rencontre avec Francis Huster a été la plus « jolie » que j'ai faite dans ce métier. C'est à nouveau à Charles Gérard que je la dois. Francis réalisait son premier film dont le titre provisoire était *Demain la banque ouvre à 9 heures* et qui deviendra au final *On a volé Charlie Spencer*[3]. L'histoire était au départ une comédie à la Frank Capra pleine d'humour et de fantaisie. Béatrice Dalle, auréolée du succès de *37°2 le matin*, avait accepté d'en être l'héroïne et Francis s'était adjoint la participation de son amie Isabelle Nanty. Au départ à l'opposé l'une de l'autre, des liens très étroits se sont tissés entre Béatrice Dalle et moi. J'ai beaucoup apprécié cette fille franche, nature et « bretzingue », au cœur d'or, qui m'a lancé un jour cette phrase amusante : « Quitte à avoir un père, autant qu'il s'appelle Gabin ! »

L'équipe caméra appartenait à la vieille garde. Daniel Vogel à la lumière et Max Pantera au cadre ont eu bien des déboires et se sont souvent arraché les cheveux car, dès le premier jour de tournage, Francis a abandonné le scénario initial pour réécrire au jour le jour une histoire personnelle et abracadabrante dont lui seul comprenait le sens. Tous les jours, de sa grande écriture dont j'ai gardé les feuillets, il noircissait une dizaine de pages qu'il me tendait en souriant, fier et heureux de son inspiration. J'ai eu, je dois le dire, un mal fou à situer les plans les uns par rapport aux autres et à coordonner cette histoire dans ma tête. Je n'ai pas été la seule. Jean-Pierre Aumont est venu discrètement essayer de comprendre quel était son personnage et tout d'abord cerner l'histoire en elle-même. Il scrutait désespérément les feuillets, l'air interrogatif et gêné :

– Écoutez Florence, je suis très embêté... Pouvez-vous m'expliquer ce qui se passe, je ne comprends pas bien ce que je tourne... ?

– Jean-Pierre, je ne peux pas vous aider parce que j'ai beaucoup de mal à comprendre moi-même.

Béatrice Dalle en devenait hystérique et, pour calmer les esprits, Dominique Besnehard était présent sur le plateau chaque fois

3. Charles Spencer est le véritable nom de Charlie Chaplin.

qu'elle tournait. Même le producteur au bord du gouffre venait me trouver :

– Florence, il faut juguler, il faut juguler...

Mais juguler qui ? quoi ? Un metteur en scène porté par ses fantasmes, personne ne peut l'arrêter. On était en plein délire ! Il fallait lui faire confiance, c'est lui qui avait le fil conducteur dans la tête, les rênes du chariot et la clef de l'énigme. J'ai vu passer devant l'objectif en gros plans une trentaine d'élèves du cours Florent, chacun disant une phrase dont j'ai vainement cherché le décodage :

– Osso-buco...

– Papier toilette...

– Jour sans fin...

– Lune dans l'eau...

Nous avons tourné une nuit entière dans un café pour filmer des tables vides qui se soulevaient devant l'objectif, quelque peu aidées par les machinos cachés au-dessous, secoués par le fou rire. Puis ç'a été le tour des bouteilles et des verres vides d'être les stars d'une nuit. Je dois dire que cette nuit-là le cadreur a eu bien du mal à garder son sérieux derrière l'œilleton de sa caméra. Francis adorait les *travellings* circulaires. Il vidait le chargeur de la caméra en tournant autour des acteurs. Et les machinos poussaient la caméra sur les rails, passaient et repassaient en boucle devant moi pendant dix minutes en souriant et en faisant presque une tranchée de leurs pas dans le sol. À la fin de la journée, ils avaient le « tournis » et priaient le ciel pour que le lendemain le *travelling* soit droit.

Pendant tout le film Francis s'est trimballé avec une valise dans laquelle était censée se trouver une oie... Mais il n'y avait pas de sous-titres. Un peu inquiète, je lui ai posé la question :

– Est-ce que tu penses que les spectateurs vont comprendre qu'il y a une oie à l'intérieur ?

– Ma chérie, fais-moi confiance, je vois que tu ne me fais pas confiance...

Dans une séquence située dans un compartiment de train en carton-pâte où le décor extérieur peint défilait derrière la vitre, les voyageurs assis ont dû sautiller toute la sainte journée sur leurs sièges et bouger en tous sens, se choquant les uns les autres pour donner l'illusion de rouler vraiment. Ce manège donnait à l'ensemble un aspect plutôt grotesque dont je m'inquiétais. Il me répétait : « Ma Flo, fais-moi confiance... » Mes fous rires ont été nombreux et je me suis souvent détournée pour ne pas les montrer. Francis s'en est parfois aperçu. Il se retournait alors vers les opérateurs :

– Mais pourquoi elle rit Florence... ?

À certains moments, il venait tendrement vers moi et avec son sourire désarmant :

– Ma Florence, dis-moi pourquoi tu ris ?...

Francis, tu ne peux pas savoir à quel point je t'ai aimé. Pour ta folie, ta passion, ta sincérité, ton désintéressement total du « pognon » pour parler comme mon père, et la profonde tendresse que tu as éprouvée à mon égard jusqu'à m'éviter les écueils de fiancés potentiels qui me tournaient autour.

– Pense à ta fille, ma chérie, pense à elle...

Et tu avais bien raison. Pour ton côté bohème et saltimbanque qui te faisait porter un pyjama sous le costume sans jamais savoir où tu passerais la nuit, à part dans une loge de théâtre. Ce théâtre que tu as mérité plus que tout autre en véritable héritier de Molière. Je t'ai aimé quand, ne t'apercevant même pas que tu n'avais plus tes lunettes sur le nez, tu collais ton texte à trois centimètres des yeux en les plissant et que, gentiment, je te les tendais en te disant :

– Francis, ça ne serait pas mieux comme ça ?...

Lunettes tellement opaques que je les nettoyais consciencieusement tous les matins. Francis, promets-moi de refaire très vite un film, peut-être un peu plus commercial, mais une chose est sûre, si tu veux bien de moi, je repars les yeux fermés à tes côtés.

L'année 1987 a été marquée par deux événements majeurs : la rencontre de celui qui partage ma vie depuis bientôt seize ans et la disparition de Lino Ventura. C'est aussi l'année où j'ai fait la connaissance de Robert Enrico lors des Césars qui rendaient un hommage à Jean Gabin. Enrico préparait *De guerre lasse* pour l'été suivant et m'a proposé d'être sa scripte. Je me rappelle très bien son petit sourire complice et paternaliste lorsqu'il m'a glissé :

– C'est drôle, je suis sûr qu'on va bien s'entendre tous les deux...

Le premier jour de tournage s'est passé en dehors de Paris, dans une propriété entourée d'un parc. J'ai aperçu de loin mon metteur en scène assis dans le jardin, plongé, l'air absorbé, dans des papiers. Pensant qu'il préparait le découpage de la journée, je me suis approchée. Il a levé la tête en me voyant :

– Assieds-toi, je suis à toi dans cinq minutes...

J'ai tout de suite compris la raison de sa concentration : le *Paris-Turf* ouvert sur la table, il était en train de cocher ses tickets de tiercé ! Belle entrée en matière. Le tournage durant, je lui ai donné nombre de tuyaux plus ou moins « percés » et je me suis rendu compte qu'il était un véritable accro des courses. Il a même voulu que nous achetions un cheval ensemble, mais l'affaire ne s'est pas faite.

Robert était un vrai cinéaste, aussi à l'aise sur un plateau qu'un capitaine sur son bateau, dont il avait d'ailleurs le physique. Il en contrôlait tous les éléments dans le calme et dans la tempête. C'était une bête de travail qui abattait vingt à trente plans par jour en fumant soixante cigarettes. Il avait pris l'habitude de jeter ses paquets vides dans ma besace et tous les soirs je pouvais les comptabiliser.

Ma table de travail était devenue un bureau de PMU, jonchée de tickets de jeu qui avoisinaient avec le *Paris-Turf* que je n'avais plus besoin d'acheter. Il obligeait ses techniciens à travailler vite, précédant le plan suivant avant de terminer celui en cours. Il avait inventé le téléfilm avant l'heure mais la qualité de son découpage et de ses plans était irréprochable.

François Catonné, le chef opérateur de *La Galette du roi*, en habitué des marathons travaillait plus vite que son ombre et donnait un coup de main pour placer les projecteurs. La langue coincée entre les dents, un œil fermé, l'autre scrutant au travers de ses deux mains formant une « lunette », il n'écoutait plus les commentaires autour de lui, sautillant d'un projecteur à l'autre comme un cabri. Robert, impatient, tonnait de sa voix puissante :

– Alors, quand est-ce qu'on tourne ? Je voudrais donner le moteur...

Je me souviens avoir usé un stylo Bic, abrutie d'écriture, en une journée où nous avons tourné trente-cinq plans !

J'avais baptisé Robert « Papa Enrico » pour son côté paternaliste et protecteur, toujours de bonne humeur et le sourire jovial. Je me suis pourtant disputée avec lui plusieurs fois :

– Tu m'emmerdes avec tes raccords. Ça ne se verra pas. Je m'en fous...

– Je suis payée pour ça, je fais mon métier.

Décidément, je les collectionnais. Je travaillais pour la monteuse, sa femme Patricia, que je connaissais de longue date et je ne voulais pas que celle-ci puisse avoir des problèmes pour des raccords bâclés qui, à tourner vite, souvent en pâtissaient. Têtue et perfectionniste, je n'ai rien voulu laisser passer et Robert et moi avons eu ensemble de sacrées engueulades où j'ai laissé tomber mes cahiers par terre en lui disant de trouver une autre scripte. Il cavalait derrière moi, on gueulait un bon coup chacun et tout revenait dans l'ordre jusqu'à la fois suivante.

Robert était un meneur d'hommes, surtout très à l'aise dans les scènes de foule et, plus on lui en amenait devant la caméra, plus il jubilait. La plupart de ses grands succès ont été des films d'hommes mettant en scène de fortes personnalités, viriles, comme *Les Grandes Gueules* ou *Les Aventuriers*. Mais il a eu aussi le talent de réunir des couples formidables, comme Romy Schneider et Philippe Noiret dans l'émouvant et poignant *Vieux Fusil* ou la rencontre explosive et spectaculaire Ventura-Bardot dans *Le Boulevard du Rhum*. Le casting de *De guerre lasse* réunissait sur un même plateau Nathalie Baye,

Pierre Arditi, Christophe Malavoy et Jean Bouise. J'ai senti plus d'une fois Malavoy, comédien réservé, sensible et « en-dedans », déstabilisé. Son jeu tout en finesse avait du mal à trouver du répondant et de la compréhension face à un Robert Enrico taillé d'un bloc qui bousculait tout son monde. Nathalie, elle-même, semblait quelquefois « dans le vide » et, inquiète, venait s'en ouvrir.

Robert était un bulldozer. Seul Arditi nageait comme un poisson dans l'eau. Il est des acteurs qui n'ont besoin ni d'encouragements ni d'indications, qui ne sont influençables ni par les colères et les sautes d'humeur du metteur en scène, ni par les impondérables du tournage. Les vieux routiers du métier, les personnalités taillées dans le roc, les « natures » dont le jeu est sûr, net, carré, précis, aussi à l'aise le premier jour de tournage que le dernier. Et puis il y a ceux qui ont besoin d'écoute, de soutien, d'attention, de conseils, ceux qui discutent, hésitent et se remettent en question dans l'œil du metteur en scène et cela n'a rien à voir ni avec le talent, ni avec la place au générique. Cette diversité sur un tournage et le *melting-pot* de toutes ces personnalités différentes, si le réalisateur sait les gérer, sont souvent les ingrédients d'un film réussi.

Mon père répondit à un journaliste qui lui disait que le cinéma était un travail d'équipe :

– Je dirai même plus, c'est un travail de collectivité. Un bon film est le résultat d'une bonne collectivité. C'est un des rares métiers où on dépend tous les uns des autres. Et il faut que le metteur en scène accorde tout ça.

Le tournage d'un film est une telle osmose collective que la fin de celui-ci est souvent un moment douloureux où chacun se sépare, une frustration terrible, un vide qu'il faut combler dans les jours qui suivent.

J'ai fait la connaissance de Sébastien Japrisot, anagramme de Jean-Baptiste Rossi, son véritable nom, sur un film qu'il a réalisé au Cap-Ferret en automne 1987. Je portais une admiration sans bornes au scénariste du *Passager de la pluie*, de *L'Été meurtrier* et des

Enfants du marais mais, malheureusement, son expérience de réalisateur n'a pas été à la hauteur de son talent d'écrivain. J'y ai retrouvé mon vieux copain Jean Gaven. Anne Parillaud faisant partie de la distribution, j'ai fait la connaissance, un soir, dans un petit restaurant perdu au bout du monde, de Luc Besson, qui venait de terminer *Le Grand Bleu*. Personnage timide et discret, j'étais loin de penser qu'il deviendrait le chef de file de sa génération et qu'il bâtirait un empire. C'est sur ce film que j'ai appris un matin d'octobre la mort de Lino. Sa disparition marquait pour moi la fin d'une époque et d'une partie de ma vie.

J'ai reçu en 1988 un coup de fil de la production Mnouchkine pour une énorme fresque destinée au bicentenaire de la Révolution française. Le film du même nom tourné en deux parties par deux réalisateurs différents, un Français et un Américain, réunissait une distribution prestigieuse et internationale, et bénéficiait d'une double version. Le directeur de production m'a posé la question vitale : « Parlez-vous l'anglais ? » Cette fois-ci j'ai répondu : « Très moyen. » « Ça n'a pas d'importance, John Guillermin, qui réalise le premier volet, parle le français comme vous et moi et c'est lui qui vous a demandée comme scripte. » John Guillermin, le réalisateur de *La Tour infernale* avec Paul Newman et Steve McQueen ! Comment avait-il pu avancer mon nom ? J'ai eu la réponse quelque temps plus tard en sachant qu'il avait été l'assistant de Jean Renoir... le nom de Gabin ne lui était donc pas inconnu. Effectivement, il parlait le français couramment et il jurait même dans cette langue comme un charretier. Les seuls mots d'anglais qu'il me lançait étaient, après les prises : « You print that one [1] ! »

Un jour, à côté de Nevers, sur le champ de bataille de Valmy, noyé par la brume des effets spéciaux, envahi par des milliers de

---

1. *You print that one :* « Vous tirez celle-ci. »

figurants, fantassins et cavaliers, il m'a lancé un : *« Do you ride*[2] *? » « Yes, I do ! »* Il a fait amener par Mario Luraschi deux magnifiques chevaux caparaçonnés de l'époque et nous sommes partis tous les deux reconnaître le terrain, lui devant avec son viseur[3], moi derrière avec mes papiers et mon chrono autour du cou. Il a donné ses ordres aux assistants au milieu d'une armée entière de Français et d'Autrichiens comme un général en chef. Non seulement je n'étais pas peu fière mais j'étais sacrément admirative. Tout était impeccablement huilé. À « Moteur ! », les hommes, baïonnette au canon, se sont mis en marche bien en rang, prêts à livrer bataille. Seul petit incident, l'un des figurants a embroché son voisin, sans gravité heureusement. L'armée française réquisitionnée pour la figuration n'avait pas été préparée au maniement de cette arme !

Dans la Nièvre le temps avait été déplorable pendant huit jours et les pluies avaient défoncé les terrains. Aucun véhicule caméra n'a pu arriver jusqu'au champ de bataille ni jusqu'au Moulin[4]. Mon 4 × 4 Mitsubishi a été réquisitionné pour amener les caisses des objectifs et, à force de patiner dans la boue, il a rendu l'âme. Guillermin était un meneur d'hommes mais avec plus de douceur que « papa » Enrico. Son fils étant gravement malade, il a dû abandonner le film pour rentrer aux États-Unis et a laissé sa place à John Effron. Je l'ai regretté d'autant plus que le nouveau réalisateur ne parlait pas un mot de français et que j'ai dû déclarer forfait moi aussi. Parallèlement, en attendant que sa scripte soit libre, la production m'a demandé de participer à la prise de la Bastille dirigée par Robert Enrico, qui réalisait le second volet. J'ai accepté avec plaisir mais je voulais quand même qu'il soit d'accord. Après les engueulades que nous avions eues sur le film précédent, il pouvait avoir une réaction négative. Robert, au contraire, a été enchanté et notre « couple » s'est reformé. Deux jours étaient à

2. *Do you ride ?* : « Montez-vous à cheval ? »
3. Viseur : lunette optique utilisée au cinéma pour préparer le cadre.
4. Moulin de Valmy : célèbre dans l'histoire, où Kellermann s'illustra en tuant deux chevaux sous lui.

peine écoulés que nos chamailleries ont recommencé. Mais à présent je connaissais le mode d'emploi et je pouvais composer. Avec son millier de figurants, l'imposant château de Beaucaire [5] en guise de Bastille, ses canons pointés et ses quatre caméras, Robert jubilait et il me disait à juste titre :

– Ne m'emmerde pas avec tes raccords aujourd'hui. Dans ce bordel et cette pagaille, il n'y a pas de raccords !

Pour une fois j'ai été d'accord avec lui.

Mon dernier film comme scripte a été *L'Autrichienne* de Pierre Granier-Deferre, un huis clos sur le procès de Marie-Antoinette, avec Ute Lemper. Puisque j'avais décidé d'arrêter après vingt ans de bons et loyaux services, j'ai trouvé émouvant que ce le soit avec Pierre. J'avais débuté avec lui en 1969. Je terminais avec lui en 1989. La boucle était bouclée. Au même titre que je suis touchée que mon fils Jean-Paul ait fait ses débuts de comédien aux côtés d'Alain Delon dans *Fabio Montale*. Je l'ai imaginé dans le même état d'esprit que ce dernier lorsqu'il a donné sa première réplique à Gabin dans *Mélodie en sous-sol*.

5. Beaucaire, situé à Tarascon

En mai 1987, ma vie allait être bouleversée par la rencontre avec celui sur lequel j'allais enfin pouvoir m'appuyer, un raz-de-marée qui, quinze jours après notre rencontre, m'a fait comprendre qu'il ne pouvait envisager la vie sans moi et qui me laissera quinze ans durant des petits mots doux un peu partout dans la maison. Celui qui m'a fait abandonner appartement, voiture et travail pour le suivre à la campagne afin de m'avoir à ses côtés jour et nuit. « Laisse tomber tout ça, tu n'en as plus besoin. J'ai tout ce qu'il faut. Je ne veux plus que tu travailles, ça n'est pas la peine de vivre ensemble si tu t'en vas tout le temps à droite et à gauche. » Bref, ça voulait dire : « C'est le cinéma ou moi ! »

Ça me rappelait étrangement certaines paroles prononcées quarante ans plus tôt par un acteur à sa future femme... Mais après tout, moi qui cherchais protection et tendresse, c'était peut-être le moment de ne pas hésiter et de me jeter à l'eau.

Il était « Taureau » et j'avais vécu vingt-six ans avec un homme du même signe. Homme du midi et du soleil qu'il détestait, il ne rêvait que de verdure et de pluie. Avec moi, il ne prenait pas trop de risques, j'avais été élevée en Normandie, conditionnée pour épouser un paysan du coin. Sortant comme moi d'une séparation, las de la vie parisienne et mondaine, il avait décidé de « prendre une retraite anticipée » à la campagne, au milieu des chevaux. Moi qui rêvais d'une vie à deux, faite d'escapades lointaines, main dans la main, yeux dans les yeux, c'était encore raté. Mais ce qui m'importait avant tout, c'était son bonheur à lui. Habillé d'une chemise à carreaux sous un pull camionneur, en jeans et bottes en caoutchouc crottées toute la sainte journée, le vieux Barbour usé qui plongeait de l'arrière, la casquette sur la tête, j'ai vécu douze ans avec un vrai paysan qui bricolait la clope au bec. On était loin de Prada, Gucci ou Sergio Rossi ! J'ai tout laissé tomber pour le suivre et j'ai foncé tête baissée dans l'aventure hypothétique d'un haras de chevaux de course. Pourtant je savais par expérience qu'on ne trouve pas la fortune sous les pieds d'un cheval et qu'un haras est un gouffre. Il suffit d'une jument vide, d'un mauvais poulinage ou d'un cheval blessé pour que l'équilibre soit rompu. Mon père en avait fait les frais et j'avais subi le même sort avec l'écurie de Chantilly. Ne devient pas paysan qui veut. Mais les « Taureau » sont têtus et malheureusement, nous allions vite nous apercevoir que les problèmes étaient « en boucle ».

Le haras d'Engerville était dans un état pitoyable mais la maison à colombage était ravissante et accueillante. C'est là que je voulais vivre et faire mon nid. Il nous a fallu plusieurs mois pour tout remettre en état. Ancien joueur de tennis, peu rompu aux travaux des champs, il m'a étonnée par sa dextérité à conduire le tracteur, à nettoyer les herbages, broyer, herser, rouler et chauler [1]. Admirative, je l'ai vu très vite soigner les chevaux comme un professionnel chevronné.

Trois mois après l'achat du haras, en octobre 1988, trois camions de déménagement pénétraient dans la cour pour installer les meubles et, le 28 novembre de la même année, en bonne et due forme, le jour de mon anniversaire, il a demandé ma main. Sans créneaux horaires pour un quelconque voyage de noces, nous nous sommes mariés le 21 décembre (la nuit la plus longue !)

1. Chauler : amender un sol avec de la chaux pour en réduire l'acidité. Engrais.

C'était le début d'une aventure où l'expression une « chaumière et un cœur » pourrait être la description exacte de ces quelques années campagnardes sans sorties ni restaurants, avec pour seul horizon la fourche à curer les boxes, le tas de fumier, la roulotte à avoine et ses hennissements de bienvenue, et les cuirs à graisser. Seuls dérivatifs à cette vie monotone, les passages réguliers du maréchal-ferrant et les visites quasi hebdomadaires du vétérinaire et son cortège de problèmes. Nous les attendions même avec impatience pour les nouvelles fraîches venant de l'extérieur. Le soir, le camembert au coin du feu sur les tranches de pain coupées au laguiole, la soupe (on était loin des restaurants branchés parisiens !), les actualités à 20 heures et le reste après...

Nous nous sommes partagé les tâches. Lui s'est occupé des chevaux de courses et débourrait les *yearlings* [2] en vue des qualifications [3]. J'ai pris en charge l'élevage qui est la science la plus inexacte au monde. J'ai prodigué les piqûres, surveillé les cycles et les ovulations des juments, conduit le camion pour les emmener à la saillie, veillé la nuit les poulinages à tour de rôle avec ma fille et l'employé, entretenu la sellerie et la pharmacie. La comptabilité, à laquelle je me suis mise sans grande conviction – les chiffres et moi ayant toujours été fâchés – ajoutée au ravitaillement à Lisieux et aux repas pour la maisonnée, les journées étaient bien remplies. Et puis un jour, avec insistance, il m'a demandé un enfant dont il pourrait profiter pleinement. Refuser aurait été de l'égoïsme et, avec tout l'amour du monde, à 41 ans, je me suis remise dans les couches-culottes et les biberons. Je n'ai jamais regretté car Hugo a tout apporté avec lui : joie, affection, tendresse, intelligence, sensibilité et humanité, faisant de notre vie quotidienne un bonheur chaque jour renouvelé. Quelle leçon d'amour réciproque entre son père et lui ! J'en ai même parfois ressenti un petit picotement de jalousie. Nous avons vécu au rythme des saisons et des poulinages puis des vêlages. Les hivers ont souvent été longs et tristes, bloqués

2. *Yearlings* : « poulains d'un an ».
3. Qualification : examen de passage des trotteurs pour courir sur un champ de courses. Ils doivent faire un certain « chrono » au kilomètre.

par la neige et le gel, où il fallait casser la glace des abreuvoirs dans les herbages.

Par moments le cinéma me manquait mais j'avais choisi ma vie. Dans ce métier les gens oublient vite et le téléphone ne sonnait plus. J'avais balayé dans ma tête tous les rêves de plateaux mais le mot « Moteur ! » restait bien présent dans mon esprit.

J'ai perdu coup sur coup la brave Sun Princess, que j'ai trouvée un matin allongée dans son pré, puis j'ai vu ma deuxième jument suspendue au filin de la grue partir dans le camion de l'équarrisseur ; enfin j'ai emporté dans un sac pour l'autopsie un poulain qui venait de mourir. Dure réalité du métier d'éleveur. Je savais pourtant par expérience qu'en matière d'élevage il fallait de la patience et au minimum dix ans pour réussir. Les conversations sur ce sujet sont devenues houleuses et quasi quotidiennes. Nos conceptions de l'élevage étaient diamétralement opposées. Il a décidé de s'en occuper seul désormais et me l'a fait comprendre par des mots durs et crus. Ça avait au moins le mérite d'être franc. Mais on m'avait déjà supprimé le cinéma. Qu'allait-il me rester ? Ma réaction a été excessive mais légitime : j'ai fait un rejet des trotteurs qui devenaient envahissants.

Pour éviter d'envenimer mes relations avec l'homme de ma vie, j'ai préféré quitter le haras pour m'installer à Deauville, vingt kilomètres plus loin, tout en continuant à vivre ensemble. Le haras était devenu un bureau qu'il quittait le soir pour venir nous rejoindre. Avec l'éloignement et sans plus jamais parler de chevaux, les choses ont finalement repris leur place. L'amour et la tendresse aussi. Mais le haras n'a plus été pour moi qu'un souvenir sans joie.

Deux ans plus tard, après avoir tout vendu, nous sommes rentrés à Paris. Les petits mots doux dans l'appartement ont recommencé. Il est arrivé un jour avec un énorme bouquet de fleurs accompagné de ce petit mot : « À la Miss[4] élue plus belle femme de 50 ans de mon cœur ! »

J'ai retrouvé le cinéma et j'ai commencé à écrire. À mes risques et périls...

---

4. La Miss : surnom qu'il m'a toujours donné.

Sur la grève de Sainte-Anne-la-Palud, la femme de 50 ans s'est éloignée. Avant de partir, elle s'est retournée vers la petite fille de 5 ans immobile, les cheveux bouclés soulevés par le vent du large, éclairés par les derniers rayons du soleil frisant, le regard conquérant. Celui de la femme a mélancoliquement croisé le sien puis s'est perdu dans le lointain au-dessus des vagues. Sa silhouette s'est détournée et s'est fondue dans la brume.

Remerciements

Je remercie les quelques amies qui m'ont aidée et encouragée quand je baissais les bras durant l'écriture de ce livre : Danièle, Dominique, Cathy, Myvon, Françoise, Catherine, Christine, Anne-Marie, Florence, Sophie, Dina et Mathilde.

Je remercie également le Café de Flore et le Café de l'Alma de m'avoir aidée, sans le savoir, à écrire ce livre.

Liste des lauréats du Prix Jean-Gabin

1981	Thierry Lhermitte
1982	Gérard Lanvin
1983	Gérard Darmon
1984	François Cluzet
1985	Christophe Malavoy
1986	Tcheky Karyo
1987	Jean-Hugues Anglade
1988	Thierry Frémont
1989	Vincent Lindon
1990	Lambert Wilson
1991	Fabrice Luchini
1992	Vincent Perez
1993	Olivier Martinez
1994	Manuel Blanc
1995	Mathieu Kassovitz
1996	Guillaume Depardieu
1997	Yvan Attal
1998	Vincent Elbaz
1999	Samuel Le Bihan
2000	Guillaume Canet
2001	José Garcia
2002	Benoît Poelvoorde

normandie
roto
impression
s.a.s.
groupe maury-imprimeur

61250 Lonrai

Reproduit et achevé d'imprimer en décembre 2003
N° d'édition 04005 / N° d'impression : 032934
Dépôt légal : janvier 2004
Imprimé en France

ISBN : 2-7382-1762-1